レヴァイアサン 62

2018 春

編集委員
 飯田敬輔
 大西　裕
 鹿毛利枝子
 増山幹高
書評委員
 石田　淳
 磯崎典世
 曽我謙悟
 日野愛郎
 待鳥聡史
 村井良太
編集顧問
 加藤淳子
 川人貞史
 辻中　豊
 真渕　勝

木鐸社

LEVIATHAN　62号　＜目次＞

特集の狙い　排外主義の比較政治学　　　　　　　　　　　　　　　飯田敬輔（6）

［特集］　排外主義の比較政治学

トランプ現象とはなにか
　　―アメリカにおける排外主義の淵源―　　　　　　　　　　　中山俊宏（9）

欧州懐疑のなかの排外主義
　　―イギリスにおける「移民」争点―　　　　　　　　　　　　若松邦弘（27）

ヨーロッパにおける2つの反移民感情
　　―人種差別と外国人忌避の規定要因分析―　　　　　　　　　中井　遼（48）

外国人労働者に対する態度
　　―コンジョイント分析による研究―　　　　　　　　　　鹿毛利枝子（71）
　　　　　　　　　　　　　　　　　　　　　　　　　　　　　田中世紀
　　　　　　　　　　　　　　　　　　　　　　フランシス・ローゼンブルース

ヘイトが違法になるとき
　　―ヘイトスピーチ解消法制定をめぐる政治過程―　　　　　　樋口直人（96）

■書評論文
「政治経験と理論」
　　松沢裕作『自由民権運動〈デモクラシー〉の夢と挫折』岩波書店，2016年
　　富永京子『社会運動と若者　日常と出来事を往還する政治』ナカニシヤ出版，
　　　2017年　　　　　　　　　　　　　　　　　　　　　　　山田真裕（116）

比較地域政治の視点から見た沖縄政治
　　野添文彬著『沖縄返還後の日米安保：米軍基地をめぐる相克』吉川弘文館，
　　　2016年
　　櫻澤　誠著『沖縄の保守勢力と「島ぐるみ」の系譜：政治結合・基地認識・

経済構想』有志舎，2016年　　　　　　　　　　　　　　　力久昌幸 (122)

■書評
歴史と比較の間－田中拓道著『福祉政治史』

砂原庸介 (128)

歴史研究と接近する現代アメリカ政治研究？
　松本俊太著『アメリカ大統領は分極化した議会で何ができるか』ミネルヴァ書房，2017年

白鳥潤一郎 (132)

書評委員会からのお知らせ　　　　　　　　　　　　　　　　(136)
投稿規定　　　　　　　　　　　　　　　　　　　　　　　　(137)
執筆者紹介　　　　　　　　　　　　　　　　　　　　　　　(138)
英文要旨　　　　　　　　　　　　　　　　　　　　　　　　(140)
編集後記　　　　　　　　　　　　　　　　　　　　　　　　(142)

編集委員
　　飯田敬輔　　（東京大学大学院法学政治学研究科教授）
　　大西　裕　　（神戸大学大学院法学研究科教授）
　　鹿毛利枝子　（東京大学大学院総合文化研究科准教授）
　　増山幹高　　（政策研究大学院大学教授，慶應義塾大学客員教授）

書評委員
　　石田　淳　　（東京大学大学院総合文化研究科教授）
　　磯崎典世　　（学習院大学法学部教授）
　　曽我謙悟　　（京都大学大学院法学研究科教授）
　　日野愛郎　　（早稲田大学政治経済学術院教授）
　　待鳥聡史　　（京都大学大学院法学研究科教授）
　　村井良太　　（駒澤大学法学部教授）

編集顧問
　　加藤淳子　　（東京大学大学院法学政治学研究科教授）
　　川人貞史　　（帝京大学法学部政治学科教授）
　　辻中　豊　　（東海大学政治経済学部政治学科教授）
　　真渕　勝　　（立命館大学政策科学部教授）

特集

排外主義の比較政治学

■特集の狙い
排外主義の比較政治学

（文責）　飯田　敬輔

　前号の特集の狙いで，鹿毛委員が書いていたように，排外主義的傾向が欧米諸国の政治で顕著である。特に2016年には，英国のEU離脱，トランプ候補の米大統領選での勝利，2017年に入ってからも，フランスでは国民戦線，ドイツでは「ドイツのための選択肢」などが国政選挙で躍進し，オーストリアでは自由党が政権入りを数年ぶりに果たした。このように移民排斥を掲げるポピュリスト政党あるいはポピュリスト候補の台頭が目立つ。

　移民あるいは外国人に対する嫌悪感，そしてそれをベースとする政治的・社会的運動をここでは「排外主義」と呼ぶこととするが，このような感情や運動は，いかなる原因や誘因により台頭し大きな影響力を持つようになるのであろうか。これを比較の視点から分析するのが，本特集の狙いである。

　上記のような意味での排外主義は日本では主に社会学の分野で研究されてきた。もちろん，日本政治にもポピュリスト候補はそれなりの数はいるのであるが，日本では欧州に比べると排外主義はそれほど顕著ではなかったことがその一因かもしれない。

　欧州では，ポピュリスト政党がほぼどの国にも存在するので，ポピュリスト政党研究は政治学で長年にわたって行われてきておりそれなりの蓄積はあるが，これら政党が国政レベルで影響力を持つのは小国に限られるためか，比較政治の一大分野とはなるには至っていない。

　米国政治学では，2000年代に入ってから移民に対する態度の計量的研究がにわかに盛んになり始めた。嚆矢となったのは経済学者による一連の研究であったと思われる。それら初期の研究によると，主に，労働市場における競争（自国民と外国人が働き口を巡って競争すること）や財政的負担（移民が社会福祉給付を受けることにより財政負担が増すことに対する不安）など経済的要因が大きな要因であるとされた。これに対し，政治学者による研究が，これら経済的説明の限界を指摘するようになった。したがって，現在は，文化的信条などのような非経済的要因の方が重要であると思われている。

　本特集は，複数の国を取り上げ，それぞれの国の専門家に各国でどのような要因が排外主義を誘発しているかを分析していただいた。その成果は以下の通りである。

まず，中山論文は，トランプ候補に見られる排外主義を米国政治史の中に位置付ける作業を行っている。移民の国であるアメリカでは，表向きに排外主義あるいは移民排斥を掲げることは正当とはみなされにくいものの，アメリカ文化の純粋性を保つ目的で排外主義がしばしば現れるという。19世紀に登場したノーナーシング党，19世紀後半から20世紀前半にかけて発生した「黄禍論」，それに触発された1924年の移民排斥法，戦時中の日系人の強制収容，1950年代のマッカーシズム，など排斥する対象や形態は変化しながらも定期的に出現している。しかし中山によれば，トランプとの類似性が最も強いのは，1992年，1996年，2000年の米大統領選に三たび出馬したブキャナン候補であるという。しかし，ブキャナン候補はいずれも落選したのに対し，トランプ候補は当選した。その違いは，移民（特に不法移民）の絶対数の増加，「オバマ・ファクター」，そしてソーシャルメディアの影響，などに求めることができるとする。トランプ候補を支持したのは，「ミドル・アメリカ・ラディカル」と呼ばれる人々であり，これらの人々は上記のような背景の下で危機感を強めていた。そして，クリントン候補は，トランプ候補と「ラディカル・フリンジ」とのつながりを告発したにもかかわらず，かえってそれが裏目に出たとされる。

　次に，若松論文は地域研究の立場から，英国による欧州懐疑論と移民との関係について検討している。上記にも書いたように，英国の国民投票によるEU離脱派の勝利は，「主権」回復のテーマとともに，移民に対する反感があるように，一般的には受け止められている。若松論文によれば，事はそれほど単純ではないという。なるほど全国レベルでいえば，移民の数とEU懐疑との相関はほとんどない。しかし，特定の地域に限ってみれば，この間に密接な関係が見られるという。たとえば，イングランド東部にあるイーストミッドランズ地域である。ここでは，移民数の増加率と，EU懐疑論の間に正の相関があるという。この地域では，農業や食品加工業で働く東欧系の移民が近年急激に増加していた。このほか，イングランド北部の旧炭鉱地域にも同様の傾向が見られるという。これとは逆に，移民がいまだ少ないにもかかわらず，EU懐疑論が強いのはテムズ川河口地域であるとされている。

　続く中井論文は欧州各国のデータを分析している。特に，「人種」が「排外主義」およびそれを誘発する要因とどのように結びついているかに焦点を当てている。中井氏は，移民忌避を人種にかかわらず外国人であれば誰でも嫌悪する「人種横断型」と，自国民の人種とは異なる外国人のみ嫌悪す

る「人種差別型」に分けて，それぞれに影響する要因を分析している。解析結果によると，すでに先行研究でしばしば指摘される要因(例：年齢，学歴，党派性，等)はどちらのタイプにも影響を与えている一方で，政府への不満，治安への不安，そして秩序志向については，人種横断型のみに影響しているという。また，西欧と東欧をわけて分析したところ，東欧では女性，および専門職についている人々は移民に寛容である一方，政治・経済への不満や自国文化尊重意識が移民に対する態度に影響しているのは西欧だけであるという。

次の2編は日本の移民に対する態度を扱う。まず鹿毛・田中・ローゼンブルース論文であるが，Hainmueller and Hopkins が米国で行ったコンジョイント分析を一部改変して日本で行った結果を分析したものである。冒頭に書いたように近年では，経済的要因に懐疑的な分析が多いが，Hainmueller and Hopkins も，米国では，回答者の属性にかかわらず高技能の移民が選好されることを根拠として労働市場競争説を棄却している。これに対し，鹿毛・田中・ローゼンブルース論文によると，日本では一般的には労働市場における競争は問題とはならないが，失業者は低技能の外国人労働者に対する嫌悪を示しており，これは労働市場競争説と整合的である。このように，一概に経済的モデルが誤っているわけではない可能性を示唆している。

最後に，樋口論文も日本を扱うが，排外主義に反対する社会・政治勢力がいかにヘイトスピーチ解消法案の成立を実現させたか，その政治過程を分析している。同論文によれば，その政治過程は，社会問題化，議題設定，政策化の3つのフェーズに分けることができる。最も社会問題化したのは2009年の埼玉県わらび市での在特会によるデモ，そして2013年の新宿区新大久保におけるデモについてのツイートをある参議院議員が目にしたことを議題設定の始まりとしている。その後政策化が始まるが，民主党は当初間口の広い人種差別撤廃施策推進法案の成立を目指していたが，与野党の国会における攻防の結果，継続審議となった。2016年までには公明党がヘイトスピーチに特化した理念法を準備し，これには自民党としても強い異論がなく，同年5月に法案成立に至った。しかし，同法はあくまで刑事罰のない，理念的な法律にとどまっており，これを実質化するために各自治体での条例制定に主戦場は移っているとされる。つまり，反「排外主義」の規範は緒についたばかりであることがわかる。

■特集　排外主義の比較政治学

トランプ現象とはなにか

――アメリカにおける排外主義の淵源――

中山俊宏

> 要旨：アメリカにおける排外主義は，アメリカが移民国家であるがゆえに，時として先鋭化し，大きな社会変動，そして対外的危機の時代に，拒否的な政治運動としてアメリカ社会を揺さぶってきた。トランプ時代の排外主義は，これまでの排外主義の延長線上にありながらも，まったく新しい要素も散見できる。大統領自身の排外主義的傾向との距離の取り方もそのひとつだろう。本稿は，過去の事例に立ち返りながら，トランプ現象と排外主義の関係を考察する。

はじめに

　アメリカにおける排外主義（nativism）の根は深い。それは移民国家であるアメリカが内に抱える病巣のようなものである。それは，建国期から現在に至るまで，アメリカが「異質なもの」を内に取り込もうとする時に発してきた軋み音であるが，その顕現の仕方は多種多様であった。そこでは，しばしば，移民や人種をめぐる議論，経済，とりわけ雇用をめぐる議論，そして文化や宗教，そして言語をめぐる議論が渾然一体となり，アメリカ社会を大きく揺さぶってきた。漠然と認識された「エリート」に対する強烈な不信感をともなうことも多く，負の衝動に突き動かされる「拒否的大衆運動」の形態を取ることがしばしばだった。
　アメリカが「異質なもの」によって脅かされているという感覚が一定程度ひろがると，「エ・プルリブス・ウメム（E pluribus unum［多数からひとつへ］）」というアメリカが拠って立つ理念的根拠までをも拒絶し，アメリカが内に抱えこむ矛盾を曝け出すかのように発生し，一定期間が過ぎると熱が冷めていくかのように退潮していくのが排外主義だった。その一時性ゆえに，「健全」な状態からの「逸脱」として語られることもしばしばだった。しかし，それがアメリカ史において，しかも重要な分岐点で繰り返し発生してきたがゆえに，それをアメリカ社会に固有の政治文化として論じたのが，リ

チャード・ホフスタッターの「アメリカ政治におけるパラノイド・スタイル」(1952年)だ。ホフスタッターは，これをヨーロッパ的なファシズムとは異なる特殊アメリカ的なものとして論じた[1]。

　排外主義について論じることの難しさは，自ら排外主義を名乗る勢力はいないこと，そして，それが用いられる時は，必ず名づけられた対象の存在を否定し，その政治的正当性を完全に奪う効果をともなうことだ。それは典型的な負の政治的シンボルである。南部貧困法律センター (Southern Poverty Law Center, 略称SPLC)は，ヘイト監視(Hatewatch)を通じて排外主義者を特定する活動を行っているが，このリストに載せられてしまうと，普通の意味での政治的な正当性は奪われてしまうことになる[2]。

　自ら排外主義を名乗れないとすると，当然，他の呼称が必要になってくる。近年は，「アイデンティタリアン(identitarian)」，「レース・リアリスト(race realist)」，「ホワイト・ナショナリスト(white nationalist)」，「ホワイト・ライツ(white rights)」，「ホワイト・アイデンティティー (white identity)」，「ホワイト・セパレティスト(white separatist)」などが用いられる。「ホワイト」によって強調されているのは，人種的優位であると同時に，「白人であることを主張して何が悪いんだ」という居直りがあり，それは多文化主義に抗するシンボルにもなっている。トランプ現象とともにひろく知られるようになった「オルトライト(alt-right)」は排外主義との関係では少し位相を異にする。彼らはインターネット上のトロール文化(ネット荒らし)の中から出てきた排外主義的傾向を持つ右翼であり，思想内容が特異性よりかはその手法が際立っていると見るべきだろう。

　しかし，名称以上に難しいのは，このように自覚的に排外主義的な傾向を掲げるグループ(狭義の排外主義)と，いわば「構造としての排外主義」(広義の排外主義)との関係をどのように考えるかだ。「構造としての排外主義」とは，「自覚されない排外主義」といってもいいし，「(明示的に)排外主義の外形を取らない排外主義」といってもいい。いうまでもなく，排外主義者のすべてが腕に排外主義者であることを示すタトゥーをいれているわけではない。しかし，議論がこの領域に及ぶと，反移民，人種差別，さらには女性差別やLGBT差別などともあまり区別がつかなくなってくる。排外主義とはかなり問題を伴う立場である。それは，多元的で開かれた社会というアメリカの根本原則を否定しにかかるものである。そうであるがゆえに，この言葉は拡張的に用いるべきではなく，いわゆる英語の「ネイティビズム」の意に沿って限定的に用いた方が賢明だ。つまり，すべての「差別を生み出す傾

向」を「排外主義」という言葉の中に放りこむのではなく，自覚的に排外主義を掲げている勢力にある程度限定して用いないと，アメリカ社会におけるあらゆる負の傾向を集約する概念に拡張してしまい，事実上，あまり意味をなさなくなってしまう。

しかし，問題は境界線をそう簡単には引けそうにないということだ。というのも，近年，新たに排外主義への関心が集まっているのは，2017年1月に発足したトランプ政権を支持する勢力の中に，かなりはっきりと排外主義的傾向を有するグループがいること，さらには，トランプ候補と支持基盤の関係を考察する際に，「構造としての排外主義」という概念を用いなければ説明できないような力学が働いていること，そして，そのことをどうもトランプ政権自身が相当程度自覚していると見受けられるからだ[3]。つまり，「狭義の排外主義」だけに対象を絞っていたのでは，現在のアメリカにおける排外主義をめぐる大きな力学を浮き彫りにすることができない。ホワイトハウス，あるいはトランプ大統領自身が発するメッセージの中に排外主義を刺激するメッセージが埋め込まれているということは，排外主義を単なるメインストリームからはみ出す極端な言説として観察していればいいという状況ではなくなっていることを示唆している。

したがって，本稿では，排外主義を拡張的に用いることの危うさを認識しつつも，トランプ現象と排外主義がどのようなかたちで交差しているのか，広義の排外主義も念頭におきながら考察していきたい。

1．排外主義の系譜

アメリカは「移民の国」だとしばしば評される。しかし，アメリカは，「移民の国」であったからこそ，「移民制限の国」でもあった。この二つの側面は相互補完的でさえあった。「丘の上の町（city upon a hill）」の純粋さを保つとの名目で移民を制限する。それを正当化する論理が排外主義だった。ただし排外主義は，アメリカの建国の理念を否定する論理に依拠している。にもかかわらず，それは確実にアメリカ史の一断面でもあった[4]。

アメリカで排外主義に該当するネイティビズムという表現が用いられるようになったのは，反カトリック感情が高まりをみせた1830年代以降のことだ。1850年代には移民排斥を訴えたノーナッシング（Know-Nothing）が，ドイツやアイルランドからの移民の流入によって，「アメリカ生まれのプロテスタント（native-born Protestant American）」の存在が脅かされると主張し，反カトリック的なネイティビズムの勢いは最高潮に達した[5]。「排外」というと，

自己の属する集団外のものを排斥するという意だが，ここでは「非米的なるもの」からネイティブ(native)の価値観や生活様式を守ることの方が先行する。排斥は，あくまで結果として生じる。いうまでもないが，ここでいうネイティブとは，アメリカ先住民(ネイティブ・アメリカン)ではなく，先にヨーロッパからアメリカに移住してきた人々である。ネイティビズムに似た言葉で，ゼノフォビア(xenophobia)という言葉がある。これは，「外国人嫌い」などと訳されるが，文字通り外国人に対する違和感に依拠した言葉だ。

　排外主義とゼノフォビアは概念的に重複しつつも，そのニュアンスは異なる。排外主義にも外国人排斥の要素があることは間違いない。しかし，ゼノフォビアと異なるのは，排外主義は外国人排斥より，自国の純粋性を保ちたいという意識の方が先行していることだ。つまり，異物の混入により，健康な肉体が汚されることへの危機感が排外主義の核心にあり，そのことに起因する拒絶反応である。その意味で，排外主義は，特殊アメリカ的な「疫学的思考」に基づいた「排除の論理」である[6]。永井陽之助は，アメリカの冷戦思考を論じる中で，「健康な身体が外部からの異物侵入で汚染されるという共同幻想こそが，孤立した大陸帝国アメリカの底流にひそむ土着神話の中核＜コア＞にある」と指摘しているが，排外主義はこうしたアメリカ特有の思考様式が刺激されることから発生してきたといえる[7]。

　こうした意識は，移民の流入によって，もしくは異なった思考様式の浸透によって，ネイティブの生活様式が脅かされている感じられた時，一気に先鋭化する。このような現象がアメリカ史では繰り返し発生してきた。19世紀を通じて，ネイティブの存在を脅かしたのは，カトリック教徒であった。19世紀中葉のノーナッシングは，カトリック教徒の流入に対する拒絶反応だった。カトリック教徒に対する違和感は根強く，白人至上主義団体のクー・クラックス・クラン(Ku Klux Klan，略称KKK)が1915年に復活した際，黒人やユダヤ人と並んで，カトリック教徒を敵視していた[8]。

　19世紀後半から20世紀前半にかけて発生した黄禍論(yellow peril)も排外主義の一事例だ。アジアからの移民を厳しく制限した1924年の移民法(Immigration Act of 1924)は，日米関係にも禍根を残したが，アジア系に対する排外主義的な意識が先鋭化したものだといえる。この移民法の後，黄禍論は沈静化していくが，第二次大戦中の日系アメリカ人の強制収容も，戦争という特殊状況があったとはいえ，排外主義の文脈で語られることが多い[9]。

　1917年，ロシアでボリシェヴィキ革命が起きると，アメリカでも同様の革命が起き，教会や家族，そして結婚などのアメリカ的生活様式が脅かさ

れるのではないかというある種のヒステリー現象(レッド・スケア[赤の恐怖])が発生した。1919年から20年にかけて起きたアレックス・ミッチェル・パーマー司法長官によるアナーキスト、シンディカリスト、社会主義者、そしてコミュニストを標的にした強制捜索(レイド)、通称「パーマー・レイド(Palmer Raids)」は、異質な思想を持ち込む移民への不信感が広がるなか実行に移され、排外主義的危機意識に突き動かされた強硬な取り締まりが、当局によって治安の維持の名目で行われた事例だった。この強制捜索によって検挙された外国人は強制国外退去を命じられた。この時期は、ユダヤ教徒と共産主義が結びつけられ、反ユダヤ主義(anti-Semitism)が高まった時期でもあった[10]。アメリカでは、二つの共産党(合衆国共産党とアメリカ共産主義労働党)が1919年8月にシカゴで設立されていたが、パーマー・レイドはそのわずか数ヶ月後に実施されたことになる。特に20年1月の強制捜索はコミュニストを対象としたものだった[11]。この時の赤狩りは、その後、沈静化し、第二次大戦中は、米ソは共に連合国の一員であったことから、共産党自身が反ファシズム米ソ協調を訴え、コミュニストに対する不信感は一時的に沈静化する。

　しかし、その米ソ協調も長くは続かず、第二次大戦が終結し、冷戦が始まるとともに、反共主義が再び再燃、先鋭化し、1950年代のマッカーシズムに帰結していく。ホフスタッターがアメリカ政治における「パラノイド・スタイル」を論じたのもちょうどこのころだ。ホフスタッターは、パラノイド・スタイルの特徴を三つあげている。まずは、社会主義経済に道を開くための大きな力学が陰謀として作用しているという世界観、そして、コミュニストたちがアメリカ政府を乗っとり、アメリカの国益を売り渡しているという主張、最後に、本国社会全体がすでにコミュニストに侵蝕されており、教育、宗教、報道機関はいずれも忠誠心のあるアメリカ人によるレジスタンスを骨抜きにしているという主張だ[12]。

　マッカーシズムは、反共主義ではあっても、その矛先はソ連以上に、国内に潜伏するコミュニストおよびコミュニスト・シンパに向けられていたことは周知のとおりである。アメリカ的生活様式を脅かす国内異質分子を炙り出し、それを追及、迫害するという点において、それはまさに排外主義であった。マッカーシズム自体は、マッカーシー上院議員の失脚とともに1950年代半ばには退潮していく。しかし、この冷戦期の反共主義は、排外主義それ自体が国家体制として制度化されたものだという見方もできる。それは、単なる「拒否的大衆運動」を越えて、国の制度や政策の中にも排外主義の言説

が入り込んでいた時期であった[13]。ソ連との世界規模のイデオロギー闘争に備える中でやむをえない部分もあったが，明らかに行き過ぎの部分もあった。その過剰な部分が，まさにマッカーシズムであり，さらにその言説に過剰反応した急進的反共主義団体のジョン・バーチ協会（John Birch Society）などの存在であった。

　ジョン・バーチ協会は，苛烈な反共主義を掲げ，国際連合からの脱退を主張，公民権運動にも反対し，アイゼンハワー大統領を国際共産主義運動のエージェントの廉で告発するなど，正当な政治勢力として認知されたことはない反共極右団体だった。1960年代，保守主義運動が正当な政治勢力として台頭しはじめると，その陣頭指揮をとっていたウィリアム・バックリー・ジュニア（William Buckley, Jr.）は，ジョン・バーチ協会が保守主義運動の信頼性を貶めるとして，同協会会長のロバート・ウェルチ（Robert Welch）を運動から事実上追い出した。これが，政治運動としての保守主義が本格的に台頭していくきっかけの一つになったとも言われている[14]。そのジョン・バーチ協会が近年，ホワイト・ナショナリズムの高まりとともに，復活しつつあると伝えられている。これも現在のアメリカにおける排外主義的な傾向の増大と保守主義が偏狭な反動思想に対して脆弱になりつつあることの兆候と見ていいだろう[15]。

　その後，1980年代に入ると，排外主義の標的になったのは増大する移民，とりわけメキシコとの国境を越えて流入してくるヒスパニック系の移民だった[16]。スペイン語を維持し，同化のペースが遅く，安い賃金で雇用を奪っているかのように見えたヒスパニック系の移民に対する視線はとりわけ厳しかった。日々の生活の中で目にする移民の増加と，人口構成においていずれ白人が全体として少数派になる「マイノリティー・マジョリティー国家」への危機感とが相俟って反移民感情が高まっていき，不法移民に対する厳しい措置が語られるようになっていく[17]。この現象はいまなお続いている。

　問題が先鋭化していくとともに，アメリカ移民改革連合（Federation for American Immigration Reform，略称FAIR）[1979年設立]，移民研究センター（Center for Immigration Studies，略称CIS）[1984年設立]，NumbersUSA [1997年設立]など，移民制限を主張してきた団体が，南部貧困法律センターによって，排外主義的傾向を帯びた団体として告発される。一見すると無害な名称のこの三つの組織は，ホワイト・ナショナリズムとも繋がりがある移民制限の活動家であるジョン・タントン（John Tanton）が設立経緯に深く関わっていた。タントンは，英語をアメリカの公式語（official language）にすべく活

動する U.S. English や ProEnglish の会長も務めていた[18]。2016年の大統領選挙キャンペーン中，トランプが移民研究センターのデータに頻繁に言及していたことが伝えられているが，いうまでもなく，移民に対する排外主義的態度の高まりは，トランプ現象の出現と直結しているといえるだろう[19]。メキシコ系は強姦犯で麻薬のディーラーであり，その流入を防ぐべく壁を建設するという主張はトランプキャンペーンの核心的主張だった。

決して網羅的とは言えないが，アメリカにおける排外主義の主要な潮流を確認してきた。ここまでがいわばトランプ政権誕生前夜である。2009年1月にはアメリカ初のアフリカ系アメリカ人の大統領が誕生，人種問題が完全に乗り越えられたと楽観する人はさすがに少なかったが，多文化主義(マルチカルチュラリズム)こそが，アメリカが進んでいく方向だと確信した人は少なくなかったに違いない。

しかし，2015年6月15日に大統領選挙への出馬表明をしたトランプ候補は，多文化主義を真っ向から否定し，オブラートに包みもせず排外主義的なメッセージを発し続けた。メキシコとの国境に築くとした「壁」は，それに形を与えたものだったし，ムスリム入国禁止の公約もそうだった。他にも排外主義的なメッセージを示唆する多くのコードワード(ロー・アンド・オーダー [＝反ブラック・ライブス・マター]，ナショナリズム[＝ホワイト・アイデンティティー礼賛]，インターナショナル・バンカー [＝ユダヤ人批判]など)を発したとの見方もある[20]。多くの人は，トランプ候補が排外主義的なメッセージをもてあそぶ様子を見てその危険性をいち早く察知，そのインパクトの大きさに驚愕しつつも，過去の排外主義運動のようにアメリカ国民によって退けられるだろうと当然のことのように予測していた。

2．トランプ現象と排外主義

大統領候補としてトランプは異質な候補だったが，まったく前例がなかったかといえばそういうことではない。たしかに，その特異なキャラクターということでいえば，前例はないかもしれない。しかも，トランプのキャラクターそのものが一つの重要なメッセージであったことも事実だ。しかし，その排外主義的傾向ということといえば，トランプと同様に「アメリカ・ファースト」を掲げたパトリック・J・ブキャナン(Patrick J. Buchanan)があげられる。ブキャナンは，1992年と1996年の2回，共和党から大統領選に出馬，2000年には改革党(Reform Party)から出馬し，その際に「アメリカ・ファースト」をキャンペーン・スローガンとして掲げている。他にも，政

治経験のなさをワシントンに絡めとられていないという強みにしたという点で，ロス・ペロー（Ross Perot）［実業家・政治家，1992年と1996年の大統領選挙に出馬］との共通点を指摘する声もある。その反エリート主義，そして人種を争点化したという点でジョージ・ウォーレス（George Wallace）［アラバマ州知事，1960年代から70年代にかけて複数回大統領選に出馬］が引き合いに出される場合もある。また「忘れられた人々」の声をききとったポピュリスト，そして「アメリカン・ファシスト」の異名をとるヒューイ・ロング（Huey Long）［ルイジアナ州知事，上院議員］との類似性についての指摘もある。いずれもかなり扇情的な政治家だ。しかし，ブキャナンとの共通性は際立っている[21]。

そのブキャナンが1992年の選挙への参入を表明した1991年12月10日のスピーチは，トランプ自身の演説と見紛うべき内容だ[22]。ブキャナンは，アメリカの地位の失墜，国家としてのアイデンティティの喪失，国際機関に身を委ねつつある状況に警告を発し，「私たちは，誰の新世界秩序［ニューワールドオーダー］だろうが，その主賓席のクッションつきの椅子とアメリカの主権とを交換してはならない」と主張。これがジョージ・H・W・ブッシュ政権の積極的な国際主義に対する批判であったことはいうまでもない。さらに，アメリカが同盟国のためにコストを負担し続けることに疑問を発し，NATOや日米同盟を不要と論じた。またグローバリゼーションにもはっきりと否定的な態度をとり，「西側文明の伝統は将来の世代に伝えられるべきであって，多文化主義などという埋立地に棄てられるべきではない」と論じ，「アメリカ人が必要としていることを第一に考えるニュー・ペイトリオティズム」の必要性を呼びかけ，それを「ニュー・ナショナリズム」と呼んだ。トランプは，就任演説で，現在のアメリカの状況を「大量殺戮（carnage）」にさらされているような状態だと描写したが，その状況認識，国連への不信感，国際的なコミットメントの放棄，グローバリゼーション批判，多文化主義批判，そして，新しいナショナリズムの提唱など，驚くほど，トランプのメッセージと重なりあう[23]。ブキャナンのメッセージは，アメリカ社会の底流に横たわる根深い反動思想の存在を示唆し，いわば普通の人々が「排外主義的なるもの」になびいていく危険性を浮かび上がらせた。

ブキャナンは，計三回大統領選に出馬し，1996年には共和党予備選挙でニューハンプシャーをはじめ4州で勝利し，総得票の21%を獲得したが，勝利には遠く及ばなかった。しかし，その20年後，トランプはほぼ同じメッセージを発し，勝利を獲得した。このことを理解するためには，誰がこ

の二人のメッセージに反応したのか、そしてどうして反応したのかを明らかにする必要がある。その手がかりになるのが、「ミドル・アメリカン・ラディカルズ (Middle American Radicals; MARS)」だ。MARSは、ドナルド・ウォーレンが『ラディカル・センター——ミドル・アメリカンと疎外の政治学』(1976年)において展開した概念である[24]。

　ウォーレンは、MARSをこう説明している。大学は卒業していない、所得は中から低所得層、職業はブルーカラーの熟練工か半熟練工、もしくはホワイトカラーであっても販売員か事務職。そして、イデオロギー的には、リベラルでも保守でもなく、むしろ際立っているのは、ミドル・クラスが上と下から板挟みにされ、見捨てられているという感覚だとしている。政策的には混乱している。政府に対する不信感は強いものの、ビッグビジネスへの不信感も同様に強く、経済政策については政府の介入を忌避はせず、比較的リベラルであること。また社会保障や医療に関しては、手厚い保障を支持する。しかし、貧困や人種の問題に関しては、際立って保守的で、マイノリティーの生活保護などについては、きわめて否定的な姿勢をとる。ワシントンに対する不信感は強いものの、リバタリアンのような小さい政府そのものを志向しているわけでは決してなく、リーダーシップに関しては、強いリーダーを求める傾向にある。

　MARSは、かつてはウォーレスを支持し、90年代に入るとブキャナン、もしくはペローを支持するようになる。MARSは、自分たちこそが普通のアメリカ人であるがゆえに「真のアメリカ人 (true Americans)」であるという意識が強く、「ミドル・アメリカ」を脅かすものから、彼らを守る、即ち、アメリカそのものを守るという感覚が、ウォーレス、ブキャナン、ペロー、そしてトランプの共通項だ。さらにナショナリズムへの傾斜も、MARSが有する強い傾向だ。ウォーレス、ブキャナン、ペロー、そしてトランプのいずれも、アメリカの主権を脅かす国際機関への不信感を露わにし、さらに多国間通商協定も、多国籍企業や金融エリートのみを優遇するものとして徹底的に批判的である。

　ではどのような状況が、MARSとして括り得る集団を、かつてと比較して今日、政治的により有意味な存在にしたのだろうか。ブキャナンもトランプも、アメリカの衰退について語ったが、ブキャナンが出馬したのが1990年代、まだ人々は「歴史の終焉」(フクヤマ)と「[アメリカの]単極時代(ユニポラリティー)」(クラウトハマー)について語っていた。現在、アメリカは対テロ戦争による過剰介入で疲弊し、中国やロシアの挑発に手を拱いてい

る。リーマンショックも、アメリカの自信に大きな打撃を与えた。移民についても1990年代はじめと比べて、はるかに膨れ上がっている。1990年、合法移民と不法移民の総数は1980万人(全人口に占める割合は7.9%)だったのが、2016年には4370万人(13.5%)に膨れ上がっている。うち不法移民は90年には350万人、16年には1130万人と増加しているが、この数は2007年のピーク時と比べると100万人弱減ってはいるものの依然として多いのは間違いない[25]。

さらに、MARSにとって決定的に重要なのは製造業セクターにおける雇用の激減である。1970年から2000年までの間は、毎年、少ない時で1680万、多い時で1960万の雇用を創出していたが、2000年代前半に激減、2010年には1150万にまで落ち込んでいる(その後、2014年には1230万人まで回復している)。労組系の経済政策研究所(Economic Policy Institute)は、500万の雇用の減少は貿易赤字の増加に起因すると結論づけている[26]。その評価の是非は別に、こうしたパーセプションは、TPPやNAFTAへの敵意に近いような反発を説明できる。

そして、数値化は困難だが「オバマ・ファクター」がある。2015年の時点でさえ、アメリカ人の29%が、そして共和党員の43%がオバマをムスリムだとみなしていたということは驚くべきことだ(CNN／ORCインターナショナルの調査[2015年9月4－5日])。オバマはいわば価値観の多元化、相対化、そしてなによりも多文化主義を象徴する存在であった。MARSにとって、それは自分たちの存在を否定するものだった。ウォーレンは、MARSについて、こう説明している。「貧困層、裕福なリベラル、大学生、黒人、チカーノ、そして反戦活動家に支持されるマクガバンは、MARSがアメリカ政治において嫌悪しているもののすべてを象徴していた」と[27]。ジョージ・マクガバン(George McGovern)は、1972年米大統領選挙における民主党のリベラル派候補だが、マクガバン連合は初の多文化主義連合でもあった。いわばブルーカラーのMARSと民主党の離反が本格化したのはこの時からだ。その多文化主義連合を真に完成させたのが2008年のオバマだ。マクガバンは、オバマ以前にオバマだったとさえいわれるほどである。オバマが、トランプ現象が発生する下地を作ったというと言い過ぎになってしまうが、マクガバンがMARSを生み出す触媒となったように、オバマもトランプ現象の発生と切り離すことはできないだろう。マクガバンは、ニクソンに歴史的な大敗を喫した。オバマは再選を果たし、二期八年大統領を務めた。この違いも大きい。MARSがより大きな危機意識を抱いたのも当然だ

ろう。

　そして最後に，やはりブキャナンの時代とトランプの時代とで決定的に異なるのは，情報空間の変容だろう。ソーシャルメディアが切り開いた空間は，政策をめぐる議論よりかは，剥き出しのままの不満を増幅させ，従来発信のツールをもっていなかったフリンジ・グループの存在をより際立たせることとなった。フリンジ・グループはソーシャルメディアを介して（それはRedditやDiscordだったり，4chan，8chanだったりした）互いを見つけて，繋がった。その匿名性の高い空間は，右派の側にあるパラノイド・スタイルとよりシンクロする空間だった。フリンジ・グループ自身がアクセス数の多いサイトを運営している必要さえなかった。トロールで大手サイトを荒らしさえすれば，自らの存在感を示すことができた。またツイッターやFacebookも舞台だった。彼らの多くは，従来の排外主義的なグループとは異なり，「正しいこと」を嘲笑し，愚弄することそのものを直感的に好む集団だった。そうであるがゆえに，危険思想の「ホワイト・ナショナリズム」にも自然に引かれていった。あたかもかつてアビー・ホフマン（Abbie Hoffman）が，あらゆる制度的なるものを愚弄したように，彼らも正しさの源泉である「多文化主義」や「フェミニズム」を愚弄することを選び，排外主義的な言説の無害化を助長，それが延いてはトランプ現象の無害化に寄与したといえる。トランプが人種やジェンダーに関して徹底して正しくない発言をしながらも，それがまったく問題にならなかったのは，こうした情報空間の歪み抜きには考えられないだろう。ブキャナンの時代には「危険」であったものが，トランプ時代には「無害化」されてしまったということだ。このあたりの力学については，アンジェラ・ネイグル『普通のやつらをぶっ殺せ（Killing All Normies）』（2017年）が詳しく論じている[28]。

　こうして諸々の状況が重なりあい，かつては退けられた反動思想が，アメリカ政治の表舞台に参入することになった。オバマ政権の種々の取り組み，とりわけオバマケアに対する苛烈な批判の中から発生したティーパーティー運動は，トランプ現象以前のトランプ現象だったとも形容できる。それは，MARSとソーシャルメディアを掛け合わせたような存在だった。ただ，それはリーダーを欠いた，アモルファスな運動でもあった。確かにティーパーティー運動は思想的にはリバタリアニズムを掲げてはいた。プロの活動家はそうであったかもしれない。しかし，グラスルーツのティーパーティー運動は，常にホワイト・アイデンティティーとの親和性があった。ブキャナン自身が短いコラムでこの親和性をについて語っている。またリバタリアニズム

のフリースピーチ原理主義ゆえに、結果として、エスノナショナリストを引きつける傾向があるとも指摘されている。さらにホワイト・ナショナリストのリチャード・スペンサー自身、リバタリアニズムがホワイト・ポピュリズムを覆う仮面のようなものだとさえ述べている[29]。だとすると、ティーパーティーが出現した時点で、すでに根深い反動思想が起動する環境は十分に整っていたと考えることができる。

3. トランプ現象周縁の排外主義をどう考えるべきか

　ヒラリー・クリントンは2016年の大統領選挙がちょうど本選になだれ込もうとしていた8月下旬、トランプと「ラディカル・フリンジ(急進的な過激派)」のつながりを告発する演説をおこなった[30]。それは、奇妙な光景だった。というのもそれは、トランプがいかに本来の保守主義から逸脱しているかを徹底的に批判する内容の演説だったからだ。ある意味、保守主義の擁護にさえ聞こえた。クリントン夫妻ほど、保守主義運動の目の敵にされたカップルはいなかったにもかかわらずである。トランプが、白人至上主義、陰謀論、オルトライトに関してどのような発言をしてきたか、どのようなつながりがあるのかを、これでもかと列挙していった。このスピーチは、トランプがアメリカの原則からはみ出す勢力とつながりがあることを告発する目的の演説だった。本来ならば、トランプにとって致命的なスピーチであったはずだ。一部ではすでに知られていた「オルトライト」という勢力のことを、この演説で初めて聞いた人もいたに違いない。この演説はスティーブ・バノン(Steve Bannon)がトランプ選対のCEOに就任したことがきっかけとなって行われた[31]。

　クリントンは、ホフスタッター的な言説を想起させつつ、過去にもアメリカには人種的な憤りに根差した「パラノイア的なフリンジ」がいたことを指摘し、いまだかつて二大政党のうちの一つの候補が、「それを煽り、後押しし、その勢力に発言の機会を与えたことなどなかった、今までのところは」と述べ、次いで「私たちはどうも共和党を乗っ取ってしまったようだ」とデビッド・デューク(David Duke)[ホワイト・ナショナリスト、クークラックスクランの元グランド・ウィザード、大統領選にも出馬]のラジオ番組で豪語する白人至上主義者の言葉を引用した。アメリカの保守主義はこれまでクリントンのいう「ラディカル・フリンジ」をそぎ落とすことで、信用を獲得してきた。しかし、保守主義の周縁には常に人種秩序を肯定するような反動が蠢いており、排除された方は常に復権を狙っていた。彼らからしてみる

と，正当な保守主義はミドル・アメリカとのリンクを失ったワシントンのプレイヤーに成り下がっていた[32]。

クリントンのこのラディカル・フリンジ批判演説について，批判された当の本人たちは歓喜したという。というのも，オルトライトについていえば，グーグルにおける検索の回数が20倍も増え，関心が一気に高まったからだ。さらにいえば，クリントンが名指しして批判してくれたおかげで，トランプが勝った場合には，少なくとも部分的には自分たちの正統性が認められたと主張することができるようになる。そして，事実，彼らはトランプの勝利に歓喜した[33]。ソーシャルメディアでその活動が可視化されているからだということもあるが，ホワイト・ナショナリストたちは，かつてのように隠れようとはしない。それは，その主張を支える議論を反転させているからでもある。つまり，ホワイト・ナショナリズムとは，白人種の優越ではなく，同胞とともに暮らしたい，ほかの人種とは交わりたくないという人間が当然内在的に持っている意識に依拠しているだけだという主張だ。だから，本稿冒頭で列挙したいずれの名称も，こうした発想が埋め込まれている。

問題は，なぜラディカル・フリンジが支持したトランプを，平均的な共和党員が支持したのかということである。これまでであれば，クリントンの批判は致命的であったはずだ。しかし，トランプは選挙期間中，確実に白人の人種意識を覚醒させた。これまでアメリカの白人は，白人であることを意識しなくてもよかった。しかし，時代は変わり，白人が白人であることの問題に直面していると感じるようになった。ところが，より多く白人から支持を集める共和党が掲げる保守主義は，この問題に応えることができていなかった。というのも，保守主義の「トリニティ（三位一体）」―「力強い外交安全保障政策」，「自由市場・市場経済」，「伝統的価値」―を唱えていれば，良き保守主義者でいられるということが，自分たちが直面している状況との関係では意味をなさなくなってきたからだ。「力強い外交安全保障政策」は終わりなき民主化のための戦争に転化し，「自由市場・市場経済」はグローバリズムとクローニー・キャピタリズムを促進しただけで，「伝統的価値」といってもアメリカの体制イデオロギーが「多文化主義」なので，価値の多元化，世俗化を押しとどめることなど到底できない[34]。

トランプを支持した人たちのほとんどはホワイト・ナショナリストではないだろう。しかし，アメリカがマイノリティー・マジョリティー国家になることへの強い危機感を感じ，同胞に囲まれて暮らしたいという素朴な意識を保持している。おそらくこのような心性を排外主義と言ってしまえば，かな

りの規模の人が排外主義者となってしまうだろう。しかし，アメリカでこのことを正面切って認めるには，ある一線を越えなければならない。それは大きな跳躍である。

　トランプの役割は，そこで背中を軽く一押しをすることだった。ホワイト・ナショナリストの家に育ち，大学に通うようになってからはじめて本格的に外の世界に触れ，生まれ育った世界から訣別することを決断したデレク・ブラックは以下のように語っている。「自分の父は，いつもこう言っていた，ホワイト・ナショナリストは，アメリカ文化の端っこの方にいる人をリクルートしようとは考えていない。そうではなくて，『私は人種差別主義者＜レーシスト＞ではないんだけど，でもね…』と話し始める人たちだ」[35]。トランプ現象はこういった人たちが想像する以上に多かったということを示唆している。トランプは彼らが支持するのにちょうどいい程度に「排外主義的」だったというわけだ。

おわりに

　ひとりの大統領が選出されるには数多くの要因が作用する。本稿では，排外主義との関係でどのようなことがいえるかということについて考察を進めてきた。トランプ政権を誕生させた排外主義をめぐる問題状況がどれほど永続的なのか，それはトランプという個人と切り離せない状況なのか，そこは両者が入り混じっているような状態で，確実なことはいえない。

　しかし，2016年の大統領選挙で，白人をあたかもマイノリティーであるかのような意識にさせて動員したことと，マイノリティー・マジョリティー国家になったとしても，当面は白人が最大のマイノリティーであり続けることを考えると，トランプはこうすれば勝てるという道筋を示したことは確かである。その道筋には排外主義が時々道標のようにおいてあるということになろう。ただ，その場合，排外主義は穏健化する一派とさらに急進化する一派に別れることが予想される。すでにその兆候は，2017年8月のヴァージニア州シャーロッツビル事件以降の各派の動きにも顕現している。

　本稿では，トランプ大統領自身が排外主義者であるかどうかについては，直接問いかけはしなかった。それは本稿の問題意識を超える。ただし，大統領が，排外主義者ならば歓迎するようなメッセージを発し続けたことは繰り返し指摘したところである。しかし，それは彼が従来的な意味で排外主義者であるというよりかは，むしろ彼が白人のために語り，白人のために働き，そして白人のためにたたかうことを誓った，アメリカで「初の白人大統領」

だったからではないだろうか[36]。「初の黒人大統領」が，初の白人大統領を生み出したという以上の皮肉はないだろう。

（1） Richard Hofstadter, "Paranoid Style in American Politics," in *Paranoid Style in American Politics and Other Essays*（New York; Vintage edition, 2008［1952］), pp. 3-40. この論文は，排外主義そのものを論じたわけではないが，排外主義の基底には彼のいう「パラノイド・スタイル」がある。
（2） 南部貧困法律センターは，公民権に関わる問題に取り組む非営利アドボカシー団体である。アラバマ州モンゴメリー所在，設立は1971年。訴訟を通じて白人至上主義団体などを告発してきた。クー・クラックス・クランとの法廷闘争が特に有名。ヘイト・グループや排外主義の監視，リストアップなどの活動も行なっている。本稿執筆に当たっても，同センターのホームページ上の情報を多く活用した。なお，トランプ政権の誕生とともに，政権批判を活動に組み込んでいるとして，一部から批判も出ている。Cf., Ben Schreckinger, "Has a Civil Rights Stalwart Lost Its way?" *Politico Magazine*（July/August 2017）<https://www.politico.com/magazine/story/2017/06/28/morris-dees-splc-trump-southern-poverty-law-center-215312>, accessed on September 4, 2017.
（3） Cf., Southern Poverty Law Center, *100 Days in Trump's America*（2017）<https://www.splcenter.org/sites/default/files/com_trump_100_days_report_final_web.pdf>, accessed on October 12, 2017.
（4） Peter Schrag, *Not Fit for Our Society: Nativism and Immigration*（Berkeley: University of California Press), pp. 1-2.
（5） Chip Berlet and Matthew N. Lyons, *Right-Wing Populism in America: Too Close for Comfort*（New York: Guilford Press, 2000), pp. 46-51.
（6） アメリカ固有の疫学的思考については，永井陽之助『冷戦の起源——戦後アジアの国際環境I』（中公クラシックス，2013年）の第一章「序説　冷戦思想の疫学的起源」（3-52頁）を参照。
（7） 同上，p. iv.
（8） Klan Watch Project of the Southern Poverty Law Center, *Ku Klux Klan: A History of Racism and Violence*, 6th ed.（2011), p. 17.
（9） Roger Daniels, *Asian America: Chinese and Japanese in the United States Since 1850*, Reprint ed.（Seattle, University of Washington Press, 1990［1988］).
（10） Berlet and Lyons, *op. cit.*, p. 85.
（11） Harvey Klehr and John Earl Haynes, *The American Communist Movement: Storming Heaven Itself*（New York: Twayne Publishers, 1992), pp. 26-29.
（12） Hofstadter, *op. cit.*, pp. 24-25.
（13） 古矢旬『アメリカニズム——「普遍国家」のナショナリズム』（東京大学出版会，2002年）の第五章「反共主義——「理念国家」の敵イメージ」（227-261頁）を参照。古矢はそれを「反共主義体制」と呼んでいる。

（14） "The Question of Robert Welch," National Review, February 13, 1962, pp. 82-83 ［バックリーが執筆したナショナル・レビュー誌の論説］; Lee Edwards, *Conservative Revolution: The Movement that Remade America*（New York: Free Press）, pp. 105-106.

（15） Southern Poverty Law Center, "Bringing Back Birch," by Don Terry, Intelligence Report（Spring 2013）<https://www.splcenter.org/fighting-hate/intelligence-report/2013/bringing-back-birch>, accessed on November 4, 2017; Susan B. Glasser, "The John Birch Society is Back," *Politico Magazine*, July 16, 2017 <https://www.politico.com/magazine/story/2017/07/16/the-john-birch-society-is-alive-and-well-in-the-lone-star-state-215377>, accessed on November 4, 2017.

（16） Schrag, op. cit. のChapter 6 "They Keep Coming"（pp. 163-193）を参照。

（17） 人口構成の変化については，U.S. Department of Commerce, Economics and Statistics Administration U.S. Census Bureau, *Projections of the Size and Composition of the U.S. Population: 2014 to 2060*, by Sandra L. Colby and Jennifer M. Ortman,（March 2015）<https://www.census.gov/content/dam/Census/library/publications/2015/demo/p25-1143.pdf>, accessed on July 21, 2017.

（18） Southern Poverty Law Center, *The Nativist Lobby: Three Faces of Intolerance*, by Heidi Beirich, Mark Potok, ed.（February 2009）<https://www.splcenter.org/20090131/nativist-lobby-three-faces-intolerance>, accessed on July 21, 2017.

（19） Laura Reston, "Where Trump Gets His Fuzzy Border Math," *New Republic*, March 10, 2017, p. 6.

（20） Ian Olasov, "Offensive political dog whistles: you know them when you hear them. Or do you?" *Vox*, November 6, 2016 <https://www.vox.com/the-big-idea/2016/11/7/13549154/dog-whistles-campaign-racism >, accessed on April 4, 2017.

（21） ブキャナンとトランプの共通性については，会田弘継が早くから論じている。会田弘継『トランプ現象とアメリカ保守思想―崩れ落ちる理想国家』（左右社，2016年），188-202頁。

（22） Patrick J. Buchanan, "Why I am Running for President," *Human Events*, December 28, 1991, p. 11.

（23） Jeff Greenfield, "Trump is Pat Buchanan with Better Timing," *Politico Magazine*（September/October 2016）<https://www.politico.com/magazine/story/2016/09/donald-trump-pat-buchanan-republican-america-first-nativist-214221>, accessed on September 14, 2017.

（24） Donald I. Warren, *The Radical Center: Middle Americans and the Politics of Alienation*（Notre Dame: University of Notre Dame Press, 1976）。ジョン・ジュディスが，MARSに立ち返ってトランプを理解する必要性を提示している。Cf., John B. Judis, "The Return of the Middle American Radical," *National Journal*, October 3, 2015, pp. 14-20.

（25） Pew Research Center, "As Mexican share declined, U.S. unauthorized immigrant population fell in 2015 below recession level," by Jeffrey S. Passel and D' Vera Cohn, April 25, 2017 <http://www.pewresearch.org/fact-tank/2017/04/25/as-mexican-share-declined-u-s-unauthorized-immigrant-population-fell-in-2015-below-recession-level/>, accessed on July 7, 2017.

(26) Economic Policy Institute, "Manufacturing Job Loss: Trade, Not Productivity, Is the Culprit," Issue Brief #402, By Robert E. Scott August 11, 2015 <http://www.epi.org/files/2015/ib402-manufacturing-job-loss.pdf>, accessed by August 21, 2017.

(27) *Ibid.*, p. 2.

(28) Angela Nagle, *Killing All Normies: Online Culture Wars from 4chan and Tumblr to Trump and the Alt-Right* (Alresford: Zero Books, 2017). トランプ現象を前にして当惑したアメリカは(そして世界も)、J・D・ヴァンスの『ヒルビリー・エレジー（Hillbilly Elegy)』的な言説にその答えを求めた。同書が、「忘れられた人々」の哀歌を描いた優れた書であったことは疑いない。J. D. Vance, *Hillbilly Elegy: A Memoir of Culture and a Family in Crisis* (New York: Harper Collins, 2016). 関根光宏・山田文『ヒルビリー・エレジー』（光文社，2017年)。しかし，一方で，トランプ現象をわかりやすい現象に落とし込んでいる側面があることも否めない。われわれは「忘れられた人々」がいることは知っていた。むしろ，ネイグル的な視点こそが，トランプ現象の震源で起きていたことを理解するひとつの手がかりになるのではないか。

(29) Patrick J. Buchanan, "New Tribe Rising?" *Patrick J. Buchanan – Official Website*, April 20, 2010, <http://buchanan.org/blog/new-tribe-rising-3930>, accessed on November 4, 2017; George Hawley, *Making Sense of the Alt-Right* (New York: Columbia University Press, 2017), p. 34.

(30) Team Fix, Abby Olheiser and Caitlin Dewey, "Hillary Clinton's Alt-Right Speech, Annotated," *Washington Post*, August 25, 2016, <https://www.washingtonpost.com/news/the-fix/wp/2016/08/25/hillary-clintons-alt-right-speech-annotated/?utm_term=.1c4fe9e125e2>, accessed on August 2, 2017.

(31) Hawley, *op. cit.*, p. 122.

(32) Paul Gottfried and Richard B. Spencer, ed., *Great Purge: The Deformation of the American Conservative Movement, Radix Journal Volume II* (Washington: Summit Publishers, 2015). 本書の表紙にはパージの張本人であるバックリーが。運動を追い出されたペイリオコン(paleoconservative)のゴットフリード，ホワイト・ナショナリストのスペンサーが編纂。

(33) *Ibid.*, p. 125.

(34) Chris Buskirk, "How Checklist Conservatism Failed America," *American Greatness*, online, October 4, 2016, <https://amgreatness.com/2016/10/04/checklist-conservatism-failed-america/>, accessed on July 4, 2017.

(35) Derek Black, "What White Nationalism Gets Right About American History," *New York Times*, August 19, 2017, p. SR6.

(36) Ta-Nehisi Coates, "The First White President," *Atlantic* (October 2017), pp. 74-87.

■特集　排外主義の比較政治学

欧州懐疑のなかの排外主義
―イギリスにおける「移民」争点―

若松邦弘

> 要旨：2016年にイギリスで行われたEU残留の是非を問う国民投票では，「移民」がEUからの離脱を支持した有権者にとり重要な判断材料となった。移民排斥を志向する排外主義の要素は同国世論の欧州懐疑にどの程度，広がっているのであろうか。本稿では，2014年欧州議会選挙と2016年国民投票の自治体別結果をもとに，移民が多いほど，まだその増加が急であるほど欧州懐疑が強いとの傾向は局所的にしか見られないことを示す。

　2016年6月にイギリスで実施されたEU残留の是非を問う国民投票（以下，EU国民投票）は，大方の見方と異なり，離脱票が残留票を上回る結果となった。これについて，「移民」という争点が事前の運動で注目されたことから，結果に大きな影響を与えたように説明する向きもある。運動ではEU域内からの流入によって一部で生じている学校，病院，公営住宅の混雑や逼迫が報道を通じて全国に拡散され，「移民の過剰」との言説が世論に広く意識された。EUからの離脱票が多かった地域のなかには，EU域内の中東欧諸国からの流入増が地域住民の反発を招いている例も実態として存在する。しかしながら，その種のエピソードと言説をもって，国民投票で移民への反発，別言すれば，「排外主義」が結果を左右したと結論づけることはできない。
　移民の流入はイギリスにおける欧州懐疑とどのように関係しているのであろうか。ここでは有権者の投票動向に注目することで考える。
　この観点から問いとなるのは，①「移民」は有権者の近年の欧州懐疑で主要な要因となっているのか，そして，②有権者の欧州懐疑の強さと「移民」の多さとに関係はあるのかという点であろう。このうち①については，EU国民投票に関する限り，すでに否定的な答えが得られている。確かに国民投票の結果に「移民」は無関係でなかった。投票後に行われた各種の調査によれば，とくに「残留」に票を投じた有権者の場合，投票にあたって重視した要素の第一は「主権」であり，それに次いで「移民」も挙がる（Lord Ashcroft

Poll 2016; 阪野 2016）。しかし自治体を単位とする国民投票結果の回帰分析では，EU 離脱票との関係は自治体住民の学歴や職業階層について明瞭な一方（*The Guardian* 2016; *The Telegraph* 2016; House of Commons Library 2016），自治体の人口にイギリス生まれが多いかなど，「移民」に関わる項目は，少なくともそれらの要素より関連性の薄いことが示されている。

②はこれと関係するが，欧州懐疑が「移民」の多い場所ほど強いのかについて，いまのところ明瞭な答えは得られていない。移民に対する反発と EU に対する反発との関連を示唆する証拠はあるのであろうか。本稿ではこの問題を考える。

これについてグッドウィンとヒースは，全国の自治体をひとくくりでみると，EU 域内移民の数と EU 離脱支持の間には負の相関がみられ，また EU 域内移民の増加と EU 離脱支持との間には正の相関がみられることを指摘している(Goodwin and Heath 2016)。しかし国内各地の地域特性を踏まえた分析を試みると，両者の研究とやや異なる見方が得られる。この点で本稿の結論を先に述べれば，「移民」の多さが欧州懐疑に与える影響は全国的にみるとあまり確認できないものの，地域によっては明瞭な影響がみられるところもあるというものである。

以下本稿では，まず第 1 節で，イギリスでの排外主義を同国のナショナルアイデンティティの揺らぎを軸に，歴史的に概観する。第 2 節では全国の自治体を対象に，人口構成の多様性やその変化と欧州懐疑の程度との間にみられる連関を明らかにする。その結果を踏まえ，第 3 節で，イギリスにおいて欧州懐疑と移民との関係についてどのような解釈が可能であるかを考える[1]。

1．アイデンティティをめぐる政治の展開

(1) 自己意識としてのナショナリズム

20 世紀末以降，各国でアイデンティティをめぐる政治が活発化している（Parekh 2008）。そこにはグローバル化という一般的な変化とともに各国固有の要素もみられる。イギリスでの欧州懐疑の背景にも同国の自己意識の変化がある。帝国とヨーロッパがすれ違った 20 世紀後半，イギリスの自己意識の危機は先鋭化した（木畑 1987; Cohen 1994）。

1）イギリス世論，とりわけその支配層にとって，自己認識の対象は「帝国」から「イギリス」へと縮小した。帝国をまたがるイギリスの世界観は 20 世紀の中盤から後半にかけ顕著に縮小し，世界の超大国としてのプライ

ドに裏打ちされたイギリスの自己意識は崩れていった。

2）異なる自己意識を主張しながらも，「連合王国」としてまとまっていたイングランド，スコットランド，ウェールズ，（北）アイルランドという4つの「国countries」は，帝国の中心としての連合王国ブランドの価値が揺らぐなか，自らのアイデンティティを改めて国際社会の中で確認しようとする動きを強めている。

3）従来は意識になかった「ヨーロッパ」という要素が，いまやイギリスの自己意識に影響を与えている。統合による国家主権の制約が顕著に意識された1980年代末からの数年（単一市場の完成とEUの発足）はその重大な転機となった。「ヨーロッパとイギリス」といった表現の存在が示してきたように，イギリスは「他者」であった「ヨーロッパ」に組み込まれ，「ヨーロッパ」が自己意識の候補に浮上した。

4）世界各地からの人の流入によって，イギリス社会の人種・民族・宗派的な多様性が拡大している。ミレニアムを祝った2000年前後には，「多人種のイギリス」と，多様性をアイデンティティとして称える政府の動きさえ現れた。

これら輻輳的な文脈のもと，イギリスは自己意識を問われるようになっている。イギリス性，イギリスらしさという意味で「ブリティッシュネス」という概念が改めて注目され，アイデンティティの新たな構築を目指すナショナリズムも活発になった。近年のスコットランド住民投票やEU国民投票は，このアイデンティティをめぐる政治の顕著な実例となっている。

(2) 排斥意識としての排外主義

自己意識の再確認はそこに包摂されない「よそ者」を作り出すこともある。それは時として，排除や排斥へと転化する。自己意識としてのナショナリズムの裏には，排斥意識としての排外主義が張り付くことも少なくない。

1）このような展開を見せた例として，近代以降では，反ユダヤ意識やアイルランド系への差別が有名である。反ユダヤ意識は反セミティズムと反シオニズムを混在させる形でいまもしばしば問題となっている。

2）第二次大戦後は，インド亜大陸由来のインド系やパキスタン系，カリブ海地域由来のアフロカリビアン系などがイギリス社会のマイノリティとして差別や偏見の対象となった。これらの人々は非欧米地域の帝国領から宗主国イギリスに向けた大量の移民に起因し，1960年代以降，イギリスが歴史的な帝国内の自由移動の伝統を覆してまで，入国管理や国籍に関わる国内法

を改定することで規制する契機となった。排斥は1990年代以降,「イスラモフォビア（イスラム嫌悪）」という形でも生じており，これは2001年以降のイスラムに対する世界的なバッシングの中で，イギリスでのマイノリティ排斥における中心的位相となっている。

　3）近年，EU域内の東欧諸国出身者に対する排斥が目に付くようになっている。東欧からの人々は，冷戦体制崩壊後にビジネス関係者や学生としてイギリス社会に多く見られるようになり，短期の農業労働にも進出した。またイギリスは国内の旺盛な労働需要に応えるべく，2004年のEU東方拡大にあたり，労働市場を即時開放したことから，ポーランド系を中心に人口が急増した。従来のマイノリティに多い都市部の対人サービス業だけでなく，農業・食品加工業など農村部にもいまや多く見られる。しかし2007年以降の経済環境の悪化，その後の緊縮財政によって，イギリスの世論に生活の悪化への不満が高まると，東欧系に対する否定的感情もスケープゴート的に生じた。イギリスのEU離脱についてEUの「人の自由移動」が注目されるのも，この東欧系流入の政治問題化という文脈においてである。

　排斥意識は世論レベルに限定されない。政治勢力による支持調達目的での利用もある。イギリスでも各種の急伸勢力が入れ替わり立ち替わり現れ，また主流の政党も大なり小なり排外主義を動員の道具として利用してきた。党幹部によるものかは別として，有権者向けに「人種カード」が切られてきたのも事実である。なかでも有名なのは，サッチャーの1979年総選挙での勝利である。地方レベルで国民戦線という小政党に流れる傾向のあった急進的な右派支持者を，移民への排外的なメッセージを使い取り込むという「右への拡大」があった（Layton-Henry 1984）。1980年代から90年代にかけての保守党政権はその頂点であったろう。排外的なアジェンダを執行部がコントロールできない状況が生じていた。

2．傾向の分析

(1) 分析の方法

　イギリス世論の欧州懐疑はこのように大きく変化してきたナショナルアイデンティティのなかにある。以下では両者の関係を実証的に考える。そのために全国の自治体を単位とする関係の指標を検討する。しかしながら自己意識や排斥意識を直接示す指標を全国同一の基準で満遍なく得ることは難しい。そこで各自治体の人口の多様性に関わる指標をとり，回帰分析で欧州懐

疑を示す指標との関係性を検討した上で，そこに何らかの連関がみられた場合，それを自己意識あるいは排斥意識に関係するものとみなせるかを考える。

変数──人口構成

人口の多様性を示す指標には，直近の2011年国勢調査をもとに自治体ごとに計算が可能な2種類の数字を用いる。

・「国外生まれ」イギリスはその帝国の歴史や英語圏であること，またロンドンが世界経済の一大中心地であることから，ビジネス関係者や留学生を含め，イギリス国外生まれの人口は大きい。例えば，国民投票で離脱派のリーダー格であったボリス・ジョンソン氏(現外相)も米国生まれである。

国勢調査には出生地の項目があり，「UK（イギリス)生まれ」の数字を人口総数から引くと「国外生まれ」の数が得られる。イギリス全体では2011年に総人口の12.7%，799万である。この数字は人口の多様性とともに国際的な人の流動性を示すものでもある。おおまかにはロンドンに近い地域で大きく，遠い地域で小さくなりがちである。

・「東欧系」 イギリス世論がここ10年ほどの「移民」に関する論争の中でイメージする存在の中心は東欧諸国出身の人々である。EUの「人の自由移動」規定のもと，急速にイギリスでの人口を増やした。

現在の中東欧地域からイギリスへの移住の歴史は長く，近代以降でも戦乱や宗教・政治的な迫害など，ヨーロッパ大陸で混乱が生じるたび，イギリスへの逃避が生じてきた。第二次大戦直後も1940年代後半にポーランド亡命政府の関係者や北部東欧諸国からの労働力導入による20〜30万人程度のイギリス定着があった。近年では，2004年のEU東方拡大に伴って関係諸国の国民がEUの「人の自由移動」の対象となった結果，イギリスへの移民が急増した。そこでは出稼ぎ的性格を伴う一世とその年少の子が目立つ。とくに注目されているポーランド生まれの人々は，2011年国勢調査までの10年間にイギリス全体で10倍に増加し(61,000人 → 654,000人)，同年には国外生まれ人口の8％を占め，出生地別でパキスタン生まれを抜き，インド生まれに次ぐ第2位となっている。

本稿では，国勢調査の質問項目における選択肢の都合で，出生地における「リトアニア」，「ポーランド」，「ルーマニア」の数を合計して「東欧系」の人口とする。この人口はロンドンなどイングランドの南部から東部にかけて顕著に多く，ロンドンから離れた地域では少なめである。

これら2指標のうち，「国外生まれ」については，2001年と2011年の両国

勢調査によって，この間の10年における変化を検討可能である。指標としては，自治体人口に占める「国外生まれ」の比率の増加幅(=比率の「差」)と，自治体における「国外生まれ」人口実数の増加率(=実数の「商」)を用いた。なお「東欧系」については，この2つの国勢調査の質問項目に連続性がないため，ここでは動態を検討していない。

変数——欧州懐疑

各自治体の欧州懐疑の程度を示す指標としては，2016年EU国民投票での離脱支持の程度と，より急進的な要素も含まれうる2014年欧州議会選挙での連合王国独立党(UK Independence Party：UKIP)の得票率を用いる。

UKIPはイギリスの欧州懐疑における代表的な政党である。1990年代初めに欧州統合の性格が変容していくなか，同党は1993年に反EUの単一争点政党としてスタートし，2000年代に入ると，各種選挙で得票の拡大が目立つようになった。欧州懐疑という点で見ると，UKIPの支持者は大部分がEU離脱を支持している(YouGov 2016)。しかしその逆は成り立たず，EU国民投票での離脱支持の1700万票と，国政選挙でのUKIP支持の約400万票(2014年欧州議会選挙438万，2015年下院選挙388万)の差は大きい。その意味で，UKIPの支持者はイギリスの欧州懐疑におけるコア的な存在であり，EUからの離脱支持のみの，いわばソフトな欧州懐疑の有権者とは意識面にいくらかの違いもあろう。

同党について，イギリスの一般的な有権者は，今のイギリスにおけるナショナリズムを政治的に代表する存在と見ている。2000年代に入っての台頭期には，その主張に移民流入の規制も加わった。移民に対するUKIPのこのような姿勢をもって，イギリスの有権者には，同党に排外主義的な性格を見る向きも少なくない。これについて，UKIP自身は「排外主義」とのラベルを拒否してきた。一般の有権者に支持を広げるべく，少なくとも党の執行部レベルでは，人種主義のイメージを招きかねない要素の排除に留意してきたように見える。非白人を標的とした他者への攻撃を辞さないイギリス国民党やイングランド防衛同盟，イギリスにも上陸したペギーダ，さらにそのようなイメージの残る隣国フランスの国民戦線とも一線を画す姿勢を従来はとってきた[2]。

しかし有権者側を見ると，UKIPの支持層は2010年前後の時点でイギリス国民党支持層と経済社会指標の点で一部重なるようになっている(Ford *et al.* 2012; Ford and Goodwin 2014)。また地理的にもUKIPの支持の多い地区はイ

ギリス国民党が以前に強かった地区と重なるという傾向も生じている(若松 2015)。この点で、かつてのイギリス国民党支持者がUKIP支持に流れ込んでいることは十分考えられる。このように、有権者個々のレベルではUKIPに排外的要素を投射して見ている部分のあることを否定できない。

EU国民投票の結果とUKIPの欧州議会選挙での得票は、いずれも自治体ごとの数字を得ることができる。イギリスの選挙は下院選や多くの自治体議会選など、一人区相対多数決制が多いが、欧州議会選挙は全国を12に分けたブロック単位で比例代表制によって実施されており、このため、他の選挙より有権者の政党支持の強弱が各党の得票に反映されやすい。この2つの指標については、EU国民投票で票集計の単位となった全国380の自治体ごとに選挙委員会が公表している数字を用いる。なおこの380自治体には北アイルランドの自治体を含まない。国民投票での票の集計方法が異なり、他地域との比較が難しいからである。

ナショナリズムと排外主義

人口構成に関する指標と欧州懐疑に関する指標との関係は、欧州懐疑への移民の影響を考えるという目的に照らすと、以下のように解釈できよう。

両者に正の相関が見いだせるとすれば、「排外主義」的と呼びうる事象が存在する可能性がある。これは人口構成の多様な自治体ほど、あるいは人口構成の多様化が急である自治体ほど、住民の欧州懐疑が強いことを示唆する。EU離脱やUKIPへの支持はマイノリティの多い自治体で相対的に強いというイメージである。

逆に、人口の多様性と欧州懐疑とが負の相関を示せば、「ナショナリズム」的との形容が当てはまるであろう。人口が同質的な自治体ほど、ないし人口の多様化が緩やかな自治体ほど住民の欧州懐疑は強い。これはマイノリティの少ない自治体でこそ住民の欧州懐疑が強いとのイメージである。

2. 傾向

全国380の自治体を1つのグループとする回帰分析では、上記の意味における「排外主義」的傾向を示唆する要素は少ない(表1、本稿末)。国民投票前の「移民」の争点化・政治問題化を踏まえれば、人口構成と欧州懐疑との間に排外主義的な関係、すなわち正の相関が想定されがちである。しかし、分析からはこれを支える証拠をあまり確認できない。むしろその逆の傾向が示唆される。

分析では，地域ごとの自治体の分布も検討した。その際，EU国民投票での「離脱」票の割合が顕著に低いロンドンとスコットランドは，全国での分布における当該地域の自治体の位置が他の9地域とかなり異なることから，両地域を除いたイングランド内の8地域とウェールズを分析の主たる対象とした。以下は，とくに断りのない限り，この9地域・315自治体についての分析である。いずれも地域としては国民投票で「離脱」が「残留」を上回っている[3]。

　それによれば(表1)「排外主義」をうかがわせる傾向は全国同様，地域別でもあまり確認できない。すなわち第一に，「国外生まれの人口が『多い』自治体で反EU意識が強い」との傾向は一般的でない。「国外生まれの比率」と「UKIP支持」や「離脱支持」とは，全国的にみても，地域ごとにみても，相関があまりないか，負の相関が多い。とくに地域ごとの数字では，「国外生まれの比率」と「UKIP支持」・「離脱支持」との関係は，多くが負の相関を示す[4]。

　第二に人口構成の変化について，「国外生まれ人口の『増加』が急な自治体ほど反EU意識が強い」との一般的な見方も全体としては肯定できない。10年間(2001年～2011年)の自治体人口に占める「国外生まれの増加幅」と「離脱支持」・「UKIP支持」との関係は，全国・地域別いずれも明瞭な相関がみられないか，むしろ負の相関を示す。他方，「国外生まれの増加率」には，一部の地域で正の相関を確認できる。この点は後ほど検討する。

　第三に，東欧系の多さと「UKIP支持」や「離脱支持」との関係もあまり見られない。自治体別の「東欧系の比率」と「UKIP支持」・「離脱支持」とは，全国で見ても，地域に細分しても，多くの場合，相関が明瞭でない。

　このようにロンドンを除くイングランド・ウェールズでは，全国ひとまとめでみても，地域ごとにみても，国外生まれの比率の高さ，あるいはその人口の増加がEU離脱やUKIPへの支持を広くもたらしているとの見方はできず，東欧系の比率についても同様である。

　一般的に確認できるのは，むしろこれと逆の，「国外生まれが『少ない』ほど住民の欧州懐疑が強い」という「ナショナリズム」的な傾向である。この傾向は先に挙げたグッドウィンとヒースがEU離脱票とEU域内移民の数との関係で示したものと同じである(Goodwin and Heath 2016)。想像される具体的なイメージは，人口の流動性が大きい，例えばロンドンや各地域の中核都市(さらに大規模大学のある都市)では，住民がEUやヨーロッパに好意的であり，逆に，そのような中核都市の外，多くは人口の流動性がより小さ

い非都市部の自治体においては，EUやヨーロッパに否定的な見方が多くなるというものであろう。人口が多様な場における「排外主義」よりは，人口が比較的同質な場における「ナショナリズム」の発現との性格を推定できるのである。

3．個別地域の特性

(1) イングランド東部の農業地帯——排外主義の可能性

　地域別の分析では以上の全体的な傾向に例外を見いだせる。顕著なのはイングランド中部のイーストミッドランズ地域である。この地域では「移民の流入とEU離脱・UKIP支持は連動している」との解釈も可能である。

　興味深いのはまず，「国外生まれの増加率」の大きな自治体ほど「UKIP支持」や「離脱支持」が高いとの傾向を確認できる点である（正の相関）。また静態的な「国外生まれの比率」についても，他地域とは異なり，「UKIP支持」・「離脱支持」のいずれとも明瞭な相関を示していない。さらに「東欧系」については，それが多い自治体ほど「UKIP支持」・「離脱支持」が高い（正の相関）との特徴がみられる。このように同地域における人口の多様性と欧州懐疑との関係は特異であり，「排外主義」の存在を推察できるのである。

　この特徴は地域のどのような特性と関係しているのであろうか。表2と表3（本稿末）はそれぞれ，EU離脱支持（2016年EU国民投票）とUKIP支持（2014年欧州議会選挙）の大きい順に全国の自治体で上位20を挙げたものである。どちらの表でも最上位にボストン，サウスホランド，そしてイーストリンゼイと，イーストミッドランズ地域の自治体が並ぶ。これらはいずれも地域内で東部に位置するリンカンシャー地方にある。一帯はロンドンとスコットランドの中心都市エジンバラを結ぶ鉄道の大動脈が貫く農業地帯で，この幹線に沿ってマーケットタウン由来の小都市が並び，その外の広大な平原には農業集落が点在する。幹線沿いを外れると公共交通の便は概して悪く，今は鉄道の支線が廃止されたためにバスと自家用車に依存している集落も多い。

　この風景は南に向かってケンブリッジシャー地方の北部，さらに東にノーフォーク地方の北部（いずれもイースト地域）まで連続的に広がる。表において，UKIP支持・離脱支持でともに上位のフェンランド（ケンブリッジシャー地方），離脱支持で上位のブレックランド，キングズリン・ウェストノーフォーク（ノーフォーク地方）もこの大平原の自治体である。この農業地帯は離脱支持・UKIP支持とも全国有数の自治体が並ぶ点で，イギリスで最も欧

州懐疑の強い場所の1つとなっている。

　この一帯は農業や食品加工業を中心とする低熟練労働への東欧移民の流入が顕著であり，ここ15年ほどで住民の人口構成が大きく変化した。周辺の12自治体をみると(表4，本稿末)[5]，例えば国外生まれの人口(実数)は2011年までの10年で2倍以上に増えている(119.5％増)。イングランド・ウェールズ(ロンドンを除く)の自治体平均(63.8％増)のほぼ倍のペースである。

　この12自治体についての分析では，イーストミッドランズ地域と同様，「排外主義」と解釈しうる傾向を確認できる。すなわち，「国外生まれの比率」と「離脱支持」・「UKIP支持」とに正の相関がみられ，また「国外生まれの増加幅」・「国外生まれの増加率」との正の相関も明瞭である。人口の多様性が大きい自治体，またそれが急速に拡大している自治体ほど住民の欧州懐疑が強いという傾向を観察できる。

　この地帯は政治党派的にみると，自営業主を中心とする自主独立精神の強い保守がもともと強く，二層制自治体や公立進学校のグラマースクールといった，他では減りつつある昔からの制度を残す保守党の牙城となっている。首相であったマーガレット・サッチャー氏の生家があったグランサム，同じく元首相のジョン・メージャー氏の選挙区であったハンティンドン(出身はロンドン南部のブリクストン)など，1980年代以降の保守党を支えた地方の中小事業主による保守主義が強い土地柄である。そしてその保守党支持者が2000年代に入り，反EUを旗印に台頭してきたUKIPへと流れている。とくに同党の進出は平原の南端，ケンブリッジシャー地方(イースト地域)で早く，その後2010年代に入るころから北上し，リンカンシャー地方(イーストミッドランズ地域)などでも伸長が目立つようになった(とくに2013年の地方選挙)。

　一帯は今日，ロンドン外では最も東欧系住民の多いところである(地域別では，イギリスで最も東欧系の人口比率が高いのは，同じく農牧業が盛んな北アイルランド)。しかし鉱工業地帯ではないことから，一部の都市を除き，20世紀後半の国外からの大量移住をあまり経験していなかった小都市・集落が大半である。この点で，2000年代に入ってからのEU域内移民の流入のなか，住民が地域社会の変化をイギリスで最も強く感じている地域と言えよう。メディアで東欧系の「移民」がとりあげられ，地域の公共サービス・インフラへの圧迫，また雇用や賃金に対する悪影響が指摘される際に，ボストンやウィスビーチ(フェンランドの一部)といった典型例を提供する場所である。

　実際にこの地域では，「東欧系比率」と「離脱支持」・「UKIP支持」につい

ても正の相関がみられる。民間シンクタンクの調査（Policy Exchange 2016）でも，イギリスのなかで移民の統合が最も進んでいない地域とされている。

(2) テムズ川河口域－欧州懐疑の典型例

　他方で，欧州懐疑と移民との関係についてイギリスの全体的な傾向は，先に見たように，国外生まれの比率が低いところほど住民の欧州懐疑が強いという「ナショナリズム」的なものである。このように欧州懐疑は強いものの，それと移民との関係は大きくない地域とはどのようなものであろうか。

　典型例はロンドンから東に続くテムズ川の河口域に見つかる。一帯はロンドンと北海沿岸の海水浴場とを結ぶ近郊鉄道がテムズ川沿いに走り，全体としては港湾・レジャー都市との性格が強い。また内陸の住宅地はロンドンのベッドタウンとなっている。この地域にはロンドンから続く都市型の自治体が並び，上記のイングランド東部の農業地帯とは風景を異にする。

　自治体別の「離脱支持」（表2），「UKIP支持」（表3）の上位には，この地域の自治体も並ぶ。テンドリング，カッスルポイント，サロック，バジルドン，ハーロー，ロッチフォードである。いずれもテムズ川の北岸で，東に北海沿岸へと向かう地域にある。同じく表に名前のあるロンドンのヘバリングもこれらに隣接する自治体である。さらにスウェール，シェプウェイ，メドウェイといったテムズ川南岸の自治体も見られる。行政区画でみると，これらはエセックス地方（イースト地域）の南部とケント地方（サウスイースト地域）の北西部，さらに過去の地方制度改革によってそれら地方から分離した一層制自治体である。ここがもう1つのイギリス有数の欧州懐疑的な地域である。この一帯では欧州懐疑が移民の流入と結びついている証拠を見つけられない。

　この地域は全体的に労働者層の多い土地柄ではあるが，内陸にはロンドン通勤のホワイトカラーも多く，また地元の商店が立ち並ぶ市街地もところどころにあるなど，旧住民と新住民とが入り混じる。周辺の14自治体に注目すると（表4）[6]，人口の増加は10年間（2001年～2011年）で69.7％と，イングランド・ウェールズ（ロンドンを除く）の自治体平均をやや上回る程度であり，人口構成の変化が全国で特段に大きいわけではない。

　移民の影響という点では，ロンドンに隣接する古くからの国際港湾都市サロックはロンドンの玄関口として，移住定着の歴史が長いアフロカリビアン系も多い。しかしながら全体としては非白人人口が特に大きいわけではなく，その人口比率はイングランド・ウェールズ（ロンドンを除く）の自治体平

均(7.4%)をやや上回る(8.0%)程度である。東欧系の比率も，一部に高い自治体はあるものの，ロンドンの自治体ほどではない。14自治体の国外生まれの比率はイングランド・ウェールズ(ロンドンを除く)の自治体平均よりむしろわずかに低く(8.3%)，東欧系比率(0.9%)も同様である。このように人口の多様性の大きさや近年の変化は全国中位である。ここが東部の農業地帯と並ぶ全国有数の欧州懐疑が強い地帯となっている。

　分析でもこの14自治体は全国と同じ傾向を示す。「国外生まれ」の多寡について「残留支持」との関係は明瞭でなく，「UKIP支持」とは負の相関を示す。「東欧系比率」や10年間の「国外生まれの増加幅」・「国外生まれの増加率」については，明瞭な関係を見いだせない。このようにテムズ川河口域には，移民流入との関係を確認できない欧州懐疑が存在する。イギリスの欧州懐疑の一般的な様相である。

　この地域の特徴を政党間競争から考えると，サッチャー政権期に保守党支持へと転じた「労働者階級の保守党支持者working-class conservatives」で有名な土地柄であることが想起される。とくに北岸のエセックス地方南部(カッスルポイント，サロック，バジルドン，ロッチフォード)は2010年代半ば時点で，UKIPの組織力が全国で最も強いところであり，また住民のEU離脱支持も強い。他方，テムズ川南岸もUKIP支持は相対的に高めであるが(スウェール，メドウェイなど)，こちらは北岸ほどEU離脱支持が強いわけではない。

　このテムズ川河口域は，大都市郊外の複雑な社会・産業構造を背景に，地方自治体レベルでの政党間競争では保守党，労働党，さらに一部では近隣社会の問題を争点とする小政党が混在してきた。UKIPの組織としての進出も早く，一部の自治体では過去に地元政党とUKIPとの連携もみられるなど(カッスルポイント)，2013年以降の全国の地方議会における同党躍進の先駆けとなったところである。この点で，国民投票の前からUKIPの強い地域であり，実際に2014年の地方議会選挙では，同党がこの地域の各自治体で軒並み高い得票率を記録した(候補を立てた選挙区で35%超) (若松 2015)。2010年代に入り，補選を含む下院の選挙でもUKIPの議席獲得に全国で最も現実味があった地域である。

　UKIPにとってこの地域は，選挙区組織も比較的強固で，どぶ板選挙を展開できる全国でも数少ない場所となっており，支持も低所得層のみならず中所得層まで浸透していると推定される。とくに北岸のエセックス地方南部では，山手を中心とした戸建ての住宅地は保守党支持，沿岸の市街地は労働党

支持，そしてUKIPはその中間の住宅街に強いとのおおまかな色分けが浮かび上がる(若松 2015)。UKIP支持とEU離脱支持のつながりは強く，EU国民投票でも活発な運動が地元で展開されたことが想像されるのである。

(3)「北部」の旧炭鉱地帯──不満をもった有権者と移民

表2からは，住民に離脱支持が多い自治体のグループをもう1つ見いだせる。イングランド中部から北部の山あいに位置する旧炭鉱地帯の自治体である。具体的にはマンスフィールド，ボルズオーバー，アッシュフィールド，ストークオントレント，ドンカスター，カノックチェース，バーンズリーである。これらはEU離脱への支持こそ高いものの，UKIP支持をみると，上記の2グループほどではない。この地域については欧州懐疑と移民との関係を部分的に確認できる。

これらの自治体が位置するイングランド中部から北部にかけての古い鉱工業地帯は，イギリスでロンドンを含むイングランド南部地方を指す「南部」に対し，「北部」と呼ばれており，地域経済の長期にわたる不振ゆえに，EU国民投票で「有権者の反乱」の中心となったところである。国民投票の結果が「予想外」であったとすれば，その主因は，「離脱」票がUKIP支持の水準から予想されたよりも多く生じたこの一帯にある。既にみた東部の農業地帯やテムズ川河口域などUKIPの強い地域については，国民投票でも「離脱」票が大きく出ることが事前に予想されていた。それに対して「北部」は，国民投票で離脱支持が，まさに「予想外」に高くなったことで衝撃が走ったのである。

上記の自治体は，ブリテン島中央のペニン山脈を囲む地域に集中する。ノッティンガムシャー地方，ダービシャー地方(以上イーストミッドランズ地域)，サウスヨークシャー地方(ヨークシャー・ハンバー地域)，スタッフォードシャー地方(ウェストミッドランズ地域)である。これらの地方はすでに検討した2例と異なり，地方ごとの中核都市がはっきりしており(ノッティンガム，ダービー，シェフィールドなど)，これらの都市は大規模大学を有し，商業やサービス業の集積がみられるなど，周辺の産炭地帯と社会・経済条件が大きく異なる。

そこで一帯の自治体から，これら中核都市とペニン山脈の山間部を除いた23自治体をとりだしてみると(表4)[7]，「国外生まれの増加率」と「離脱支持」に正の相関を確認できる。先にみた地域別の数字でも(表1)，このなかのサウスヨークシャー地方を含むヨークシャー・ハンバー地域がこれと似た傾向

を示している。

　これら23自治体は，2011年までの10年間の国外生まれ人口の増加率(72.8%)はイングランド・ウェールズ(ロンドンを除く)の平均をやや上回る程度と，全体として人口構成の変化は全国並みである。しかし国外生まれの人口がこの間に倍増した自治体も一部にあり，近年流入した東欧系に対する雇用をめぐる地元社会の不満があることも，エピソード的には報道されている(*The Times* 2016など)。ここでの分析はそのような状況を裏付けており，国外生まれ人口が急増した自治体ほど「離脱支持」が強いという「排外主義」的な傾向をうかがえる。

　イングランドの「北部」は全体として，経済の長期疲弊が深刻で，政治や社会への不満がEU国民投票での強い離脱支持につながったと考えられている。地域全体として，伝統的に鉱工業が強く，内陸部では繊維産業そして沿岸部では造船業の衰退，また炭鉱さらに鉄鋼プラントの閉鎖と，まさに「衰退」のイメージが当てはまる土地柄である。なかでもEU離脱志向が強く現れたのは，鉄鋼・石炭を伝統的に地域経済の柱としてきた自治体である(サウスヨークシャー地方のバーンズリー，ロザラムなど)[8]。

　これらは1980年代に相次いだ炭鉱閉山ストの中心地である。当時を記憶する住民は今も多く，その影響もあって既成制度への反発は強く，また経済的にも政治的にもロンドンや「南部」の「エリート」に対する批判が大きい。歴史的には労働組合に組織された労働者が多く，古くから労働党の金城湯池とみられてきたが，現在は，もともと労働党支持でありながら(あるいはそのような家庭に育ちながら)同党からすでに離れた「不満をもった有権者 disgruntled voters」が目立つ。そのような地域で，東部の農業地帯と同様，移民への反発とも解釈できる現象を確認できるのである。

　この地域では，離脱支持の強さで全国上位に並ぶ自治体がみられるものの，2014年時点でのUKIP支持は東部の農業地帯やテムズ川河口域ほどにはなっていない。「北部」でのUKIPの動きは，2010年代初めまで属人的な動きや突発的な対応にとどまり(2011年〜2012年のバーンズリーウェストやロザラム，ミドルズブラでの下院補選など)，「南部」に比べると選挙区組織の整備が遅れていた。しかし2014年になると地方選挙などで得票の伸びが顕著となり，翌2015年の総選挙では労働党の足を引っ張ることになった。労働党が保守党との接戦区で相次いで競り負ける状況を作り出したのである。この2015年総選挙が翌年の国民投票での「北部」でのEU離脱支持の大きさを予示していた。

4. 結論

　本稿では，有権者の投票動向に注目する形でイギリスでの欧州懐疑と移民流入の関係を検討した。2016年のEU国民投票で「移民」という争点が注目されたことは確かである。政治言説の上で「移民」は間違いなく「経済」と並ぶ主役であった。しかし本稿の分析からは，人口の多様性が大きいほど，あるいは近年の人口変化が大きいほど欧州懐疑的な投票が多いとの傾向は必ずしも一般的でない，との示唆が得られた。むしろイギリスの全体的な傾向としては，その逆がより広く観察される。移民が多いほど欧州懐疑が強いという見方は必ずしも適切でない。

　確かに，移民流入の多さが欧州懐疑に影響を与えている例は局所的に確認できる。地域経済の疲弊やそれに起因する政治不信がEU国民投票での離脱票の大きさにつながったと考えられているイングランドの「北部」についても，この傾向は見られる。しかしながら，移民流入の多いところで欧州懐疑が強いとの傾向は，イギリス全体では東部の農業地帯などに限定される。より一般的な傾向は，有権者の欧州懐疑は移民の少ないところで大きいというものである。排外主義の欧州懐疑世論への流入は限定的と見てよかろう。

（1）　本稿は2017年度日本比較政治学会年次大会の分科会報告原稿を加筆修正したものである（分科会D「危機に直面する欧州連合と欧州各国政治」）。企画・司会の古賀光生氏，コメントの吉田徹氏，報告者の東原正明氏ならびに佐藤俊輔氏，また会場から質問・コメントをいただいた各先生をはじめ，ご出席いただいた方々に感謝を申し上げます。
（2）　しかしながら，2015年の総選挙前頃から，同党の用いる政治言説に変化が生じており，イスラムに対する攻撃を辞さないようになっている。
（3）　離脱票の割合が他地域より極端に少ないロンドンとスコットランドを含めると，全国の分布において相関が大きく出る場合がある。グッドウィンとヒースの研究では，このうちロンドンを含めてEU離脱支持とEU域内出身者の相関を求めており，本稿の分析とはやや異なる結果が示されている（Goodwin and Heath 2016）。
（4）　これについては，「国外生まれ」の多い地域で「UKIP支持」との相関，「国外生まれ」の少ない地域で「残留支持」との相関がそれぞれ明瞭である。
（5）　リンカンシャー地方の全自治体（ボストン，イーストリンゼイ，リンカーン，ノースケスティブン，サウスホランド，サウスケスティブン，ウェストリンゼイ），ケンブリッジシャー地方のフェンランド，ノーフォーク地方のブレックランド，キングズリン・ウェストノーフォーク，ブロードランド，

ノースノーフォーク。
（6）エセックス地方のバジルドン，カッスルポイント，ハーロー，エッピングフォレスト，モルドン，ロッチフォード，テンドリング，ケント地方のダートフォード，グレーブシャム，シェプウェイ，スウェール，さらに一層制自治体のサウスエンドオンシー，サロック，メドウェイ。
（7）ダービシャー地方のアンバーバレー，ボルズオーバー，チェスターフィールド，エラウォッシュ，ノースイーストダービシャー，サウスダービシャー，ノッティンガムシャー地方のアシュフィールド，バセットロー，ゲドリング，マンスフィールド，ニューアーク・シャーウッド，サウスヨークシャー地方のバーンズリー，ドンカスター，ロザラム，スタッフォードシャー地方のカノックチェース，イーストスタフォードシャー，リッチフィールド，ニューカッスルアンダーライム，サウススタフォードシャー，スタッフォード，スタフォードシャームーアランズ，タムワース，ストークオントレント。
（8）繊維産業地帯で鉄鋼・石炭産業地帯ほどに離脱志向が強くない点については，非白人人口（とくにアジア系）の多寡の影響が推定される。「北部」の各地域では，非白人人口の多い自治体ほどEU離脱志向が弱い傾向が見られ，これは欧州懐疑の政治的動きに対する非白人人口の否定的見方に基づく可能性がある。

参考文献

Cohen, Robin. *Frontiers of Identity: The British and the Others*. London: Longman, 1994.

Ford, Robert, Matthew J. Goodwin and David Cutts. "Strategic Eurosceptics and Polite Xenophobes: Support for the UK Independence Party (UKIP) at the 2009 European Parliament Elections." *European Journal of Political Research* 51 (2), 2012, 204-234.

Ford, Robert and Matthew J. Goodwin. *Revolt on the Right: Explaining Support for the Radical Right in Britain*. London: Routledge, 2014.

Goodwin, Matthew J. and Oliver Heath. "The 2016 Referendum, Brexit and the Left Behind: An Aggregate-Level Analysis of the Result." *The Political Quarterly* 87 (3), 2016, 323-332.

The Guardian. "EU Referendum: Full Results and Analysis." 23 June 2016 (online version). http://www.theguardian.com/politics/ng-interactive/2016/jun/23/eu-referendum-live-results-and-analysis

House of Commons Library. "Brexit: How Did the UK Vote? (by Richard Keen)." Second Reading the House of Commons Library blog – UK Parliament. 24 June 2016. https://secondreading.uk/elections/brexit-how-did-the-uk-vote/

Layton-Henry, Zig. *The Politics of Race in Britain*. London: Allen & Unwin, 1984.

Lord Ashcroft Poll. "How the United Kingdom Voted on Thursday… and Why (by

Lord Ashcroft)." 24 June 2016. http://lordashcroftpolls.com/2016/06/how-the-united-kingdom-voted-and-why/
Parekh, Bhikhu. *A New Politics of Identity: Political Principles for an Interdependent World*. Basingstoke: Palgrave, 2008.
Policy Exchange. *Index of Integration*. April 2016. https://policyexchange.org.uk/wp-content/uploads/2016/09/integration-index.pdf
The Telegraph. "EU Referendum: How the Results Compare to the UK's Educated, Old and Immigrant Populations (by Ashley Kirk Daniel Dunford)." 27 June 2016 (online version). http://www.telegraph.co.uk/news/2016/06/24/eu-referendum-how-the-results-compare-to-the-uks-educated-old-an/
The Times. "This is Our Home. Why Are They Giving All the Jobs to Foreigners? (by Andrew Norfolk)." 23 July 2016.
YouGov. "How Britain Voted (by Peter Moore)." 27 June 2016. https://yougov.co.uk/news/2016/06/27/how-britain-voted/

木畑洋一『支配の代償－英帝国の崩壊と「帝国意識」』東京大学出版会，1987年。
阪野智一「EU国民投票の分析－政党内・政党間政治とイギリス社会の分断」『国際文化学研究』第47号，2016年，31-79頁。
若松邦弘「支持の地域的拡大と多様化－地方議会における連合王国独立党(UKIP)の伸長」『国際関係論叢』第4巻第2号，2015年，33-62頁。
(URL最終確認日はいずれも2017年11月22日)

表1 「移民」と欧州懐疑の関係

	国外生まれ % →		東欧系 % →		国外生まれ 増幅 pt →		国外生まれ 増率 % →	
	離脱支持%	UKIP支持%	離脱支持%	UKIP支持%	離脱支持%	UKIP支持%	離脱支持%	UKIP支持%
イングランド, スコットランド, ウェールズ (N=380)	-0.4983 (0.2301)	-0.423 (0.2035)						
ロンドンを除くイングランドとウェールズ (315)								
ノースイースト (12)	-0.8781 (0.2106)				-1.4806 (0.1935)			
ウェールズ (22)	-1.3349 (0.3521)				-1.6725 (0.164)			
サウスウェスト (37)	-0.9505 (0.2014)	-0.7497 (0.1867)			-1.4703 (0.1592)			
ノースウェスト (39)		-0.4746 (0.252)			-1.3613 (0.1523)	-1.1736 (0.2786)		-0.0596 (0.1552)
ヨークシャー・ハンバー (21)	-1.077 (0.2253)	-0.9535 (0.422)					0.1060 (0.2656)	
イーストミッドランズ (40)			2.0744 (0.1956)	1.7142 (0.1981)			0.05262 (0.313)	0.0425 (0.3032)
イースト (47)	-0.575 (0.1517)	-0.6427 (0.287)			-1.2656 (0.2235)			
ウェストミッドランズ (30)		-0.6482 (0.5542)		-2.6254 (0.18)	-1.3262 (0.3363)			
サウスイースト (67)		-0.656 (0.3441)						
参考								
ロンドン (33)	-0.597 (0.2705)	-0.6461 (0.657)					0.2696 (0.481)	0.1458 (0.2918)
スコットランド (32)		-0.182 (0.2167)			-0.2508 (0.156)			

上段：回帰係数　下段（カッコ内）：決定係数 R^2

(地域別, $R^2 \geq 0.15$ のみ)

国外生まれ%	国外生まれ増幅pt	国外生まれ増率%	東欧系%	離脱支持%	UKIP支持%
12.65	3.37	64.08	1.34	51.89	29.17
8.47	2.87	63.81	1.03	56.04	32.36
4.95	1.94	63.92	0.42	58.04	30.75
5.48	1.92	77.76	0.68	52.53	28.14
7.65	2.12	51.67	0.99	52.63	32.93
8.19	2.26	54.70	0.85	53.65	28.47
8.79	2.78	81.62	1.06	57.71	32.29
9.89	2.93	78.06	1.44	58.82	34.15
10.98	3.69	68.21	1.47	56.48	35.02
11.25	2.63	59.07	1.10	59.26	33.43
12.08	3.65	56.17	1.16	51.78	32.57
36.68	9.28	60.78	2.97	40.07	16.62
6.97	2.24	70.13	1.17	38.00	10.75

対象自治体の値の単純平均

表2 「離脱」票の多い自治体（2016年EU国民投票，上位20）

	自治体	地域	「離脱」票%
1	ボストン	イーストミッドランズ	75.56
2	サウスホランド	イーストミッドランズ	73.59
3	カッスルポイント	イースト	72.70
4	サロック	イースト	72.28
5	グレートヤーマス	イースト	71.50
6	フェンランド	イースト	71.39
7	マンスフィールド	イーストミッドランズ	70.86
8	ボルズオーバー	イーストミッドランズ	70.83
9	イーストリンゼイ	イーストミッドランズ	70.65
10	ノースイーストリンカンシャー	ヨークシャー・ハンバー	69.87
11	アッシュフィールド	イーストミッドランズ	69.84
12	ヘバリング	ロンドン	69.66
13	ハートルプール	ノースイースト	69.57
14	テンドリング	イースト	69.50
15	ストークオントレント	ウェストミッドランズ	69.36
16	ドンカスター	ヨークシャー・ハンバー	68.96
17	カノックチェース	ウェストミッドランズ	68.86
18	バジルドン	イースト	68.62
19	バーンズリー	ヨークシャー・ハンバー	68.31
20	ハーロー	イースト	68.10

表3 UKIP支持の多い自治体（2014年欧州議会選挙，上位20）

	自治体	地域	「UKIP」票%
1	ボストン	イーストミッドランズ	51.58
2	サウスホランド	イーストミッドランズ	48.50
3	テンドリング	イースト	48.35
4	カッスルポイント	イースト	47.75
5	フェンランド	イースト	47.30
6	サネット	サウスイースト	46.02
7	サロック	イースト	45.89
8	フォレストヒース	イースト	45.82
9	グレートヤーマス	イースト	45.17
10	バジルドン	イースト	44.82
11	イーストリンゼイ	イーストミッドランズ	44.22
12	ヘバリング	ロンドン	43.62
13	ロッチフォード	イースト	43.44
14	スウェール	サウスイースト	43.31
15	シェプウェイ	サウスイースト	43.28
16	トーベイ	サウスウェスト	43.22
17	アラン	サウスイースト	42.63
18	ブレックランド	イースト	42.21
19	メドウェイ	サウスイースト	41.88
20	キングズリン・ウェストノーフォーク	イースト	41.64

表4 「移民」と欧州懐疑の関係（事例，$R^2 \geq 0.15$のみ）

	国外生まれ % →		東欧系 % →		国外生まれ 増幅pt →		国外生まれ 増率% →	
	離脱支持%	UKIP支持%	離脱支持%	UKIP支持%	離脱支持%	UKIP支持%	離脱支持%	UKIP支持%
東部農業地帯 (N=12)	1.1276 (0.3058)	0.9378 (0.2633)	2.1801 (0.4864)	1.8832 (0.4518)	1.3702 (0.435)		0.0385 (0.5129)	0.0346 (0.5147)
テムズ川河口域 (14)			-0.4315 (0.2283)					
ペニン山脈周辺 (23)							0.0826 (0.3516)	

上段：回帰係数　下段（カッコ内）：決定係数 R^2

国外生まれ%	国外生まれ増幅pt	国外生まれ増率%	東欧系%	離脱支持%	UKIP支持%
2.56	3.50	119.53	2.21	64.67	40.91
8.27	3.23	69.72	0.91	65.68	42.75
4.41	1.74	72.77	0.78	64.41	35.64

対象自治体の値の単純平均

■特集　排外主義の比較政治学

ヨーロッパにおける2つの反移民感情

―人種差別と外国人忌避の規定要因分析―

中井　遼

> 要旨：欧州諸国の反移民感情は，異なる人種集団のみに向けられる忌避感と，人種横断的にあらゆる外国人に向けられる忌避感の双方を抱えている。この両タイプの反移民感情を区別し，社会調査データを用いた全欧レベルの計量分析を行い主に以下2点を明らかにした。①政治的・文化的態度変数が両タイプの反移民感情に影響する一方，経済的変数は後者の人種横断的な反移民感情のみに影響する。既存研究上の論争に対し，人種的異同という次元を入れることを通じて統合的な視点を与える結果と言える。②ただし，経済的劣位や政治的不満などが反移民感情に転嫁される現象は西欧諸国に限って見られる傾向であり，移民流入が少ない(むしろ域内移民を輩出する)東欧諸国では影響を持たない変数が存在していた。

はじめに

　本稿の目的は，欧州諸国における排外主義の一面として，国外からの移民に対する態度の規定要因を，その移住集団の人種的・民族的バックグラウンドの差を考慮したうえで分析することにある。従来，反移民感情の源泉については「経済的脅威か政治文化的脅威か」ともいえる学説上の対立が存在し，実証的には後者の議論の方が(特に欧州圏を対象とした分析を中心として)安定的な結果が得られると解されてきた(Ceobanu and Escandell 2010; Hainmueller and Hopkins 2014)。本稿では，移民の人種的異同性という次元を入れることを通じて，異なる人種・民族の移民のみを拒否するという(レイシズム的な)排外感情と，どのような人種・民族でも移民は全て拒否するという(ゼノフォビックな)排外感情を区別した場合，政治・文化的脅威認識が双方の排外感情を説明する一方，経済的劣位状況が後者の反移民感情に対してのみ一定の説明を提供していることを明らかにする。これは，反移民感情を惹起するメカニズムが複数存在し，そのメカニズムの性質によって異なる要素が原因たりえることに起因する。さらに，このよう

な反移民感情の規定要因との結びつきは，欧州の東西で異なって発現することも明らかにする。

移民に対する態度(Attitude toward Immigrants and Immigration: ATII)の実証研究は，国際比較の平易さとデータ整備の環境から，欧州諸国を対象にして多く蓄積されてきた。しかし，移住集団の人種的な・エスニックなバックグラウンドの差異の影響を正面から取り扱って，ホスト社会側の態度形成を見たものは多くない。他方で，北米を対象とした研究群には，この差異の効果をとらえようとするものもあるが，基本的には1国研究となるために外的妥当性が明らかではない面がある。世界中から多種多様な移民が集まり国家を形成している北米圏と，移民を引き付けるとしても特定の国家や地域からのものに偏在しがちであった欧州圏では，研究上の対象となる社会の実態にも，目的関心にも，違いが存在していた。

だが，そのことは，欧州諸国を対象としたATII研究において，移民集団の人種的異同への考慮が実際の政治分析上不要であることを意味しない。一口に，移民に対する排斥・忌避といっても，その際に想定される「移民」には様々な民族集団・文化集団が含まれる。欧州内部の東西格差に基づくEU域内移民や，旧ユーゴやCIS圏からの移民のような，文化的異質性の低い移民集団もいれば，欧州全体の経済水準にひきつけられた近隣MENA諸国からの移民や旧植民地領域たるサブサハラ・アジア圏からの移民など，その文化的異質性の蓋然性・可視性が高い集団[いわゆるvisible migrants]もいる。たとえば，ポーランドやデンマークは，従来(旧ユーゴや旧ソ連圏出身者が主に想定されていた)移民に対して世論レベルでは寛容性を示しつつも，近年の中東からの人口流入に対しては排他的な態度が強く表明された。他方で，イギリスのEU離脱時に強く表明された反移民的言説の対象は，MENA圏やアジア圏出身者にではなく，同じEU域内の東欧移民に向けられていた。社会には，人種的異同に関係なく，移民・外国人全般を忌避する者もいれば，「同じ人種の移民は歓迎するが，異なる人種の移民は受け入れたくない」といったような態度を持つ者もいる。そして，後者のような態度を有する者は，欧州圏において実は少なくない。

手始めに，世論調査データ(European Social Survey: ESS)2010年代分(第5-7波)を用いて，この傾向を各国別に確認しよう(図1)。ESSには，「自分たちと同じ人種・エスニシティ[1]グループの移民をどの程度受け入れるか」「自分たちと異なる人種・エスニシティの移民をどの程度受け入れるか」と聴取する質問項目が存在する[2]。回答は4段階であるが，受け入れ賛成・積極か，

受け入れ反対・消極の2方向に分類できる。よって，両質問への両態度の組み合わせとして，論理的には4つのタイプの回答者に分けることができる。1）どのような移民でも積極的に受け入れる。2）同じ人種の移民は受け入れるが，異なる人種の移民は受け入れたくない。3）どのような人種であっても移民は受け入れたくない。4）同じ人種の移民は受け入れたくないが，異

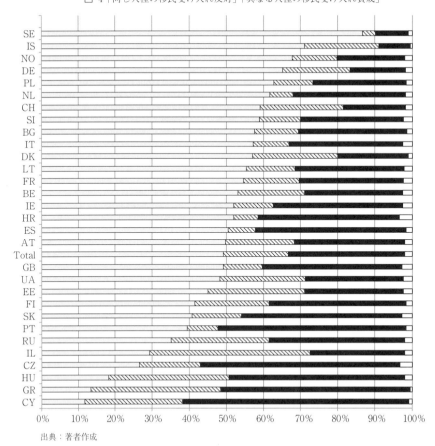

図1　ESS（5-7波）調査に基づく，国別の対移民態度の構成比率
（国名略称はISO準拠）

出典：著者作成

なる人種の移民は受け入れる。

たとえば、デンマークやポーランド、スイスは、どのような移民でも受け入れるとする組み合わせの比率が相対的に多く、その点のみに着目すれば外国人流入に対して寛容であるように解せられる一方、同諸国内での移民忌避層のうちの過半数は、人種的に異質なグループに対してのみの拒否者となっており、その反移民態度は人種差別的な傾向を強く持っている。イギリスでは、移民受け入れ層の比率こそ欧州平均に近いが、忌避層をグループ分けすると、どのような人種集団でも一貫して移民を嫌う層が多く、その排外主義は人種差別的傾向とは独立に外国人全般に向けられている[むしろ経済的理由に基づく排他性などが想定される]。キプロス・ギリシャ・ハンガリーなどは、どちらの理由にせよ移民を忌避する回答者比率が非常に大きく、全体として移民を受け入れようとする回答者の比率が少ない。なお、「異なる人種の移民は受け入れたいが、同じ人種の移民は忌避する」という(特殊な選好)回答者の比率はどこの国でも少ない。

ここで重要(かつ本稿の目的)となるのは各国間の差異ではない。強調したいのは、どこの国でも移民を忌避するグループの中に、「いずれの人種・民族だろうと移民を受け入れたくない」層と、「人種的に異なる社会からの移民のみ受け入れたくない」層がおり、後者のような選好を有する回答者数が、前者と同程度に無視できない水準で多く存在していることである。このような2つの反移民感情は、いわば前者を(外国人全般を嫌うという点で)ゼノフォビア、後者を(異なる人種のみを嫌うという点で)レイシズムと区別することができるだろう。だが、論者によって用法差があり、日常的にも用いられるこれらの言葉をそのまま使い続けると、両タイプの意味や差異が不明確になりかねない。よって本稿では抽象的に、前者の移民忌避を「人種横断的」と表現し、後者の移民忌避を「人種差別的」[3]と呼称する。

本稿の主たる目的と貢献は、移民集団の性質の違いに応じて、移民受け入れに対する人々の態度を規定する要因に、どのような差異が存在するか検証することにある。ATII研究の文脈においては、経済的要因や文化的要因などを中心に、様々な要素・要因が、説明変数の候補として論じられてきた。だが、どれが重要な要因として独立変数たり得るかは、回答者が想定している移民集団の性質(およびそれに関連する忌避感情)とも無関係ではないはずである。

以下、既存ATII研究の概要について鳥瞰した後に、本稿の理論関心との関わりで議論を再構成する。次に、ESSデータを用いた計量分析を用い、ど

のような変数が意味のある影響を与えているのか，二つの移民忌避態度・反移民感情との関連で検討を行う。その後，域内人口流出入に非対称性を持つ，欧州の東西間で，これらの分析結果にどのような差異が存在するか確認する(この差を明確にするため，本稿では学術的に多く用いられる"中東欧"の語ではなく，"東欧"の語を用いる)。最後に，本稿の議論をまとめ，その含意と同時に留保について検討する。

理論的検討

既存研究整理

　ATII研究は多くの蓄積が存在している。また，反移民感情の指標は，ナショナリズム研究の一指標としても時折用いられてきた。反移民感情が支持の源泉と想定されがちな，新右翼政党の台頭研究とも相まって，膨大な研究がこれまでもなされてきた。着目される変数は，個人レベルのミクロな変数と，国家(ないし地域)レベルのマクロな変数に大別できる。この際，各研究者が一致して賛同する説明要因を挙げることは難しく，分析サンプルの差異，独立変数および従属変数の操作化の差異，コントロールする変数の組み合わせの差異，交差項検証の有無，などに応じて種々の要因の原因が指摘されてきている。しかし，大きくいって，各人のもつ社会・経済的な属性に着目した議論と，政治的・文化的な態度・認識に着目した議論に分けることができるだろう。

　その中でもおそらくもっとも論争的な要素として着目されてきたのが，個々の経済的状況が，移民への態度を決定するという分析である。移民との職の競合が発生しやすい失業者や低所得層・低層労働者，低スキルを意味する低学歴層などが，移民受け入れに対して負の効果を持つという指摘は古くより存在する(Quillian 1995; Wagner & Zick 1995; Hjerm 2001; Scheve & Slaughter 2001)。しかし，実証研究上はその効果ははっきりとはしておらず，失業・低所得・低階層労働などの効果は統計的に有意な影響を与えていないという結果を示す研究も多い(O'Rourke & Sinnott 2006; Sides and Citrin 2007，あるいはこれらに関するレビューとしてCeobanu and Escandell 2010)。反対に，高所得者層ほど福祉負担増につながる移民増を嫌うという検証結果や(Facchini and Mayda 2009; Helbling & Kriesi 2014)，一定条件下では高学歴層の方がむしろ高度技能にもとづく自身の地位を脅かすものとして移民を忌避するという分析結果もあり(Hainmueller and Hiscox 2007; Facchini and

Mayda 2012），極めて論争的な状況にある。実は相反する二つのメカニズムが併存している結果，効果がキャンセルアウトしがちだという整理も可能かもしれない。マクロ統計の効果についても，後述するように異論もあるものの，実証研究上は否定されることが多い(Coenders et al. 2005; Davidov et al. 2008)[4]。

　従来の諸研究で，安定的に結果が報告されてきたのは，これら社会的・経済的な変数の効果よりも，文化的な脅威認識や，政治的態度などの態度変数である[5]。政治的党派性(右派性・保守性)選好を持つもの(De Figueiredo Jr and Elkins 2003; Coenders and Scheepers 2008)，移民と，犯罪や自国文化の喪失というような文化的・治安的脅威認識を持つもの，が移民に対してネガティブな認識を持ちがちとされる(Chandler & Tsai 2001; Brader et al. 2008)。また，政府の働きに対する不信感や政治社会からの疎外感を持っているものが，経済的不遇とは独立に移民に対してネガティブな態度を持つことも報告されている(Quillian 1995; Luedtke 2005; Sides & Citrin 2007; Ceobanu & Escandel 2008)。社会ですでに受け入れている移民の多寡に関しても，純粋に客観的な国別の移民比率の効果は否定されがちである一方，むしろその変化率や，各人が抱く主観的な(移民比率の)認識が重要という指摘もある(Zick et al. 2008; Semyonov et al. 2008)。また，ATII研究ではあまり着目されていないが，広義のナショナリズム研究においては，ゼノフォビアやショービニズムの操作化変数として使われることもしばしばであり(cf. Hjerm 1998)，それらのゼノフォビア・反移民感情が，どのようなナショナル・アイデンティティーや愛国心と結びつきやすい側面(の峻別の)研究も盛んである(cf. De Figueiredo Jr. & Elkins 2003)。

　無論，経済的競争や脅威認識の要素がATII研究として効果が否定されたというわけではない。例えば，かならずしも個人はマイオピックな経済状況に依拠して移民に対する態度を形成しているとは限らない。この点につき，各個人〔自身の〕失業ではなく，社会全体の失業率については効果があるという指摘は存在する。また，労働セクターの効果についても，その地位・競争性の上下が重要なのではなく，問題解決の在り方，顧客接触の性質，ルーティン度合いといった職能上の在り方の違いが，移民集団に対する態度形成や，それを基盤とする新右翼政党の支持に影響するという指摘もある(稗田 2017)。経済的要因の効果については，論争的ではあるものの決して否定されたわけではない。

移民集団の人種的・民族的背景への考慮

　上述の議論に共通して，欧州圏の研究で蓄積が薄いのは，移民集団側の性質の差異に応じた態度規定要因の探索である。米国やカナダを対象とした一国研究では，アフリカ系，ヒスパニック系，アジア系等と，移民・マイノリティグループを区別して(ないし区別する実験刺激を与えて)，それらのグループに対する態度形成などに諸変数が与える効果の異同などが検証されてきた(Alba et al. 2005, Brader et al. 2008; Ayers et al. 2009; Harrell et al. 2012)。また，近年では，広く国際比較的に人種的異同に基づく諸変数の反移民態度に与える効果の違いについて，実験を用いて検証した成果もある(Valentino et al. 2017)。それぞれ結論には一定の差異が生じているが，概ね共通するのは回答者の社会経済的背景が移民に対する態度を規定する効果が，想定される移民集団の人種的異同によって違う点である。文化的異質性の帯同を想起させる「肌の色の濃い」移民の刺激を与えた方が，回答者の社会経済的背景の効果が効きづらい，という結論もあれば，一定の国や地域においては，特定の肌の色が特定の低社会階層を想定させるために，むしろ経済的弱者が反感を強める，といったようなものである。欧州圏でも，少数の例外的研究が近年この問題に着目し始めており，「移民比率自体には意味はないが，非欧州移民比率は反移民感情を高める」という結果を得ている(Schneider 2008; Hjerm & Nagayoshi 2011)。同議論では，同じ欧州圏内からの移民に対する問題に対しては職の競合等が主たる問題となることで回答者の社会経済的地位や能力によって忌避感情が異なると想定される一方，非ヨーロッパ系の移民に対しては，その存在そのものが一定の文化的／民族的脅威であると認識されるためにその人口比率が重要になると想定されるからである，と論じられる[6]。

　これらの先行研究の指摘は本研究の目的上も重要な指摘である。欧州における既存研究で，経済的要因よりも文化的脅威認識や政治的態度の効果の方が安定的に指摘されるのは，回答者が移民のもたらす悪影響と(主観的に)想定する要素のうち，文化的脅威などの方が想起される理由として上回るからである。この際，回答者の多くは「移民」という概念・用語のコノテーションとして，MENA圏やアジアなどの非欧州文化圏からの移民を想起している蓋然性が高いと解せられる。では，もし回答者の反移民感情をタイプ別に分け，文化的脅威などを(主観的な)理由として移民を忌避している層(およびそれをもたらすメカニズム)と，それ以外の理由に基づいて移民を忌避し

ている層(およびそれをもたらすメカニズム)を峻別したならば、どのようなことが考えられるだろうか。たとえば、職への競争といった経済的側面に基づく反移民感情は、対象となる移民集団の人種的異同とは独立無関係に発生し、おなじ欧州圏内の移民に対しても向けられる可能性があるメカニズムである。他方で、文化の喪失と知った文化的側面に基づく反移民感情は、異質な人種・エスニシティを背景に持つ移民集団に対して強く発生しやすい。すなわち移民を忌避する理由として想定されやすい「経済的悪影響」という理由づけは人種横断的に存在し、「文化的破壊」という理由づけは人種差別的に発生しやすいと考えられる[7]。

ならば、従来欧州の文脈で否定されがちであった、回答者個々人の経済的状況や職業階層などの効果は、人種横断的に移民を忌避するメカニズムのみに対しては、なお有意な効果を持つ可能性がある。対して、政治的・文化的脅威認識など、従来の欧州の既存研究でその効果が安定的に認められていた変数は、人種差別的移民忌避と人種横断的移民忌避の、双方を説明する(もしくは前者をより強く説明する)と想定されるだろう。これが本稿の仮説である。以下の実証分析で、本仮説について検証を行う。

なお、経済的な競合を理由として想定される人種横断的な移民忌避と、人種差別的な移民忌避を区別して、欧州レベルの分析を行う場合、東西格差も考慮する必要がある。経済水準が高く移民プル要因の強度が強い西側地域と、欧州内においては経済水準が劣後し域内移民プッシュ要因が強い旧共産圏の東側国では、異なる現象が観察される蓋然性が高いためである[8]。すなわち東欧圏においては、経済的な理由に基づいて発生するような、人種横断的な移民忌避感情の規定要因が(西欧圏とは異なり)効果を有さない可能性が考えられる[9]。これを本稿のサブ仮説とする。

実証分析

利用データと方法

本稿の従属変数は、導入で紹介した、移民集団に対する各人の態度である。分析に用いたのはESS統合データ(ESS1-7e1)を用いる。このデータでは、2回以上の調査が実施されていない国は含まれていない[10]。特にこのうち、第6波(2012年)・第7波(2014)データを用いる[11]。この2波時に分析されていない国もあるので、本分析で対象となるのは、オーストリー、ベルギー、ブルガリア、スイス、キプロス、チェコ、ドイツ、デンマーク、エス

トニア，スペイン，フィンランド，フランス，イギリス，ハンガリー，アイスランド，アイルランド，イタリア，リトアニア，オランダ，ノルウェー，ポーランド，ポルトガル，スウェーデン，スロヴェニア，スロヴァキアである（ISO3166-2略称順）。なお，分析はEU構成国ないしシェンゲン圏内の国のみを対象とする[12]。

　すでに述べたように，ESSでは「同じ人種・エスニシティの移民をどの程度受けいれるか」という質問への態度と，「異なる人種・エスニシティの移民をどの程度受けいれるか」という質問への態度を独立に聴取している。これらの質問への回答に基づき，序論で述べた手続きに従って，回答者を3つの集団に区別した。1）どのような移民でも積極的に受け入れる〔移民受容〕2）同じ人種の移民は受け入れるが，異なる人種の移民は受け入れない〔人種差別的移民忌避〕3）同じ人種の移民も異なる人種の移民も受け入れない〔人種横断的移民忌避〕　の3カテゴリである。この回答者タイプ1をベースカテゴリーとして，他のカテゴリのタイプになる確率がどのような独立変数によって影響を受けるか分析する，多項ロジスティック回帰分析を行う。なお，論理的に4つ目のカテゴリとなる「同人種の移民は受け入れないが，同人種の移民は受け入れる」という回答者は非常に少数かつ例外的なため分析時には欠損扱いとしている（同様に，2つの質問いずれかに回答していないものも，本分析上は欠損扱いとなる）。

　独立変数は，既存研究でよく利用される諸変数を用いる（以下亀括弧内はESS1-7e1データにおける変数名）。年齢〔agea〕，性差〔gndr〕，学歴〔edulvla〕，所得帯十分位〔hinctnta〕の4変数に加え，社会経済変数として，本人が国内で民族的少数派であるか否か〔blgetmg〕，失業休職中か〔uempla〕を投入する。また，ソシオトロピックな経済状況認識として，現在の経済状況への不満〔stfeco〕変数も用いる。

　政治・文化的脅威変数として，政治的無関心〔polintr〕，政治的右派〔lrscale〕，既存政府への不満〔stfgov〕，夜の安全脅威認識（治安懸念）〔aesfdrk〕，移民による自国文化への影響認識（0：損なわれる－豊かになる：10）〔imuecit〕，命令従属志向〔ipfrule〕，伝統・文化保護志向〔imptrad〕，投入する。

　職業データは，ESS6波以降で採用されている，ISCO08変数を用いる。ただし小分類まで細分化されたデータとなっているため，筆者側で大分類に還元している。稗田（2017）により紹介・採用されている分類法（Oesch 2013）を用いるほうが，実質的な職能・職種ごとの問題解決の在り方の差異の効果

を拾うことができるが，そちらは逆にセクター・業種間の差異を見づらいため，今回はISCO08データをそのまま用いた[13]。

このほかカントリーイヤーデータとして，PPP，全国失業率，全国移民比率，ジニ係数をそれぞれ直近データから入力した[14]。その他の国家間差異の効果については，国別ダミー変数(LSDV)を投入することで吸収した。シェンゲン圏か否かといった国別に固定の要素は，この中で吸収されている。

全欧データ分析

表1　移民忌避の多項ロジスティック回帰分析(参照カテゴリ：移民受容)

	人種差別的移民忌避				人種横断的移民忌避			
	model 1		model 2		model 1		model 2	
	RRR	CRSE	RRR	CRSE	RRR	CRSE	RRR	CRSE
個人データ								
年齢	1.01***	0.00	1.01***	0.00	1.01**	0.00	1.01**	0.00
女性ダミー	1.03	0.05	1.03	0.06	0.98	0.06	0.99	0.06
民族マイノリティ[ではない]	1.07	0.12	1.07	0.12	0.77**	0.07	0.77**	0.07
家計収入位置	1.00	0.01	1.00	0.01	0.97***	0.01	0.97***	0.01
学歴	0.92***	0.01	0.92***	0.01	0.90***	0.02	0.90***	0.02
失業求職中	1.14	0.16	1.14	0.15	0.99	0.10	0.99	0.10
政治的無関心	1.11***	0.03	1.10***	0.03	1.28***	0.05	1.27***	0.05
左右自己認識(右)	1.14***	0.02	1.14***	0.02	1.12***	0.02	1.12***	0.02
政府活動満足度	1.01	0.01	1.00	0.01	0.95***	0.01	0.94***	0.01
国内経済満足度	0.94**	0.02	0.95**	0.02	0.94**	0.02	0.94**	0.02
夜間安全懸念	1.09	0.05	1.09	0.05	1.13**	0.05	1.13**	0.05
移民＝文化多様化認識	0.73***	0.01	0.73***	0.01	0.67***	0.01	0.67***	0.01
秩序・命令従属志向	0.96	0.03	0.96	0.03	0.94***	0.01	0.94***	0.01
伝統・文化保護志向	0.95***	0.01	0.95***	0.01	0.98***	0.01	0.98***	0.01
職業(ref＝経営者)								
軍	0.99	0.44	0.98	0.45	1.10	0.30	1.10	0.29
専門職	0.84*	0.07	0.84	0.08	0.91	0.10	0.91	0.10
技師・准専門職	1.05	0.07	1.05	0.08	1.10	0.09	1.10	0.09
事務補助	1.01	0.07	1.01	0.07	1.01	0.11	1.01	0.11
サービス・販売	1.11	0.07	1.12	0.07	1.17*	0.09	1.17*	0.09
農林漁業	1.19	0.29	1.19	0.30	1.57**	0.27	1.58**	0.27
製造・技能	1.24***	0.07	1.24***	0.08	1.47***	0.09	1.47***	0.09
機械運転・輸送	1.32*	0.16	1.32*	0.16	1.49***	0.11	1.50***	0.11
単純労働	1.06	0.07	1.06	0.07	1.15	0.10	1.15	0.10
国年データ								
一人当たりGDP			0.92***	0.01			0.95	0.03
全国失業率			0.88*	0.05			0.97	0.04
人口中移民比率			1.09*	0.05			1.06	0.11
ジニ係数			1.07	0.14			1.06	0.19
定数	0.65	0.28	1.91	7.55	3.66***	1.16	3.89	19.19
Observations (R^2)	mdoel1＝	53333	(.1943)					
	model2＝	53333	(.1951)					

*p＜0.05, **p＜0.01

まず初めに，全欧を対象とした分析を示し，次いで欧州の東西を分割したデータでの分析結果を示す。国別ダミーの効果は分析から割愛している。標準誤差は国別にクラスター化した頑健標準誤差(CRSE)を用いている。報告されるのは相対リスク比(RRR)である。

分析結果は次のようなものである。まず，社会経済的変数の効果のうち，高齢者であるほど「人種差別的移民忌避」「人種横断的移民忌避」双方の確率が高まる。これは，これまでの先行研究でも指摘されていることである。また，学歴の高さも，人種差別的移民忌避と人種横断的移民忌避の双方の確率を有意に低下させる効果を持つ。他方で，失業状況や性差はどちらの移民忌避に対しても影響を与えていない。家計所得の高さは，人種横断的移民忌避の確率を下げる効果があるようである。本人の家計所得の高低は，人種差別的感情は惹起しないが，経済的に競合する移民一般にたいする経済的な憂慮からの忌避感を高めている可能性がある。興味深いのは，民族マイノリティではないことによって人種横断的移民忌避確率がさがっている，すなわちマイノリティの方がむしろ人種横断的な反移民的感情をもっていることである。一般にマイノリティは経済的に不利な状況に置かれやすいため，家計所得や失業のみでは統制しきれない経済状況上の不利さに駆動されて職をめぐる競合意識を惹起され，人種横断的な反移民感情を高めている可能性があろう。

より結果がはっきり見られるのは既存研究同様，政治・文化的な意識・態度変数である。政治的に無関心な層ほど，政治的に右派な層ほど，国内経済に不満を持つ層ほど，移民が文化を損ねると考えている層ほど，文化・伝統を重視する層ほど，両方のタイプの移民忌避感情を抱く確率を高める。この辺りは，従来の既存研究の指摘を，追加検証している形であるといえよう。移民が自国文化を損ねると考えている層や，文化・伝統重視層などの文化的認識は，直感的には人種差別的移民忌避だけに効果を持つと想定されそうであるが，実際には人種横断的移民忌避にも有意な効果を有しており，幅広い反移民感情の源泉であると言えるかもしれない。自国の文化や伝統を重視するという感情が直感的には概して好ましいものであると考えられている一方，他方でこのような感情の保有が，異なる人種の移民だけではなくあらゆる移民に対しての排外感情に強くつながるという結果は，規範的な問題意識の観点からは困難な課題を突き付けるだろう。

異なる効果を示すのが，既存政府への不満，夜間治安懸念，秩序命令従属志向の高さである。これらの感情・認識が強い者は，人種横断的移民忌避感

情を抱く確率を高める一方で，人種差別的移民忌避者となる確率は変わらない。政府への不満が，移民への敵対心へと転化する（あるいははけ口として利用される）といったことは，ジャーナリスティックにも指摘されるメカニズムであるが，その際スケープゴートとされる移民は「他者」一般であり，必ずしも人種的異質性への敵対心には直結しないと言うことができるであろう。また，治安や秩序の重視（すなわち，"移民が治安を乱す"といった類の言説に基づく移民忌避感情）もまた，特定の人種差別的感情に結びつくことはなく，移民一般に対する反感としてのみ結実しているということを指し示すかもしれない。治安や秩序が損なわれることに対する（主観的な）恐れは，文化的・人種的に異質な集団のみに向けられるのではなく，（良くも悪くも）幅広い「他者」一般であるのかもしれない。

　職業セクターの効果は興味深い。まず，製造工・技能工や，運輸・輸送業に従事する者は，どちらのタイプの反移民感情も持ちやすい。これらの職種は，相対的に社会経済的地位が低層寄りであるだけではなく，その業務と問題解決の在り方も，特定の対象に対する定まった手続きに従う側面が強く変化や多様性への対応に相対的に乏しいため，同業に就くことによって反移民感情が高められている可能性がある。社会経済的な地位の低さの効果として，サービス業従事者や農林水産業従事者もまた，人種横断的な移民忌避感情を抱く傾向がある。だが，これらの業種は人種差別的反移民感情を高めることはない。先行研究の議論に倣えば，特にサービス・販売業などは，変化や差異に満ちた顧客への対応が職能上の問題解決の中枢を占めているから，多様性への寛容性が高い（高められる）ものと想定される。専門家職に至っては，人種的移民忌避感情確率を（参照カテゴリである経営者層に比べて）低める効果がある。専門的な技能や知見を駆使することにより，その職農場の問題を解決する職業従事者にとって，人種的異質性は単なる表面上の差異でしかなく，本質的なインパクトももつ差異としてはまったく想定されえないのであろう。

　カントリーイヤー変数であるところの，PPP，失業率，移民比率，ジー係数をモデル2で投入しているが，これらの変数はいずれも，人種横断差別的な〔経済的に由来すると想定される〕移民排他感情を左右していなかった。ところが，PPPや失業率の上昇は人種差別的移民忌避感情を低下させる効果がある。移民比率の多さは，同様の感情を高める効果がある。経済成長時に反移民感情が低下し，移民比率が高まると反移民感情が高まるという結果は，ある程度直感的な結果であるし，先行研究の指摘ともおおむね整合的であ

る。しかし，失業率増加によって，人種差別的な反移民感情が減衰するという点は，必ずしも直感的な結果ではない。だが，欧州の極右政党支持率の研究などでは，失業率増加時に当該政党への支持が減る現象は古くから指摘されており(cf. Knigge 1998, Golder 2003)，本分析の結果が特異というわけでもないといえよう。具体的にどのようなメカニズムが存在していたかは不明であるものの，例えば失業率が高い時には，移民問題に対する社会の関心自体が薄れるため，反感が抱かれにくい，といったこともあり得るかもしれない。

　改めて結果を整理しよう。本稿のデータ・分析でも，反移民感情を全体として一貫して説明してきたのは，年齢・学歴などのほかは，もっぱら政治的態度や文化的脅威認識であった。しかし，回答者のうち，「異なる人種も同じ人種も移民は忌避する」とする層を，「異なる人種の移民のみを忌避する」とする層から区別すると，個人の所得の低さや，複数の低階層職種といった，移民との職の競合を懸念するような回答者が，前者のタイプの移民忌避層となる確率を高めていた。経済的変数は，依然として有効な局面があることを本稿は示した。本稿の仮説は実証されたといえるであろう。その他，興味深いことに，既存政府への不満や，治安秩序への希求といった要素は，人種横断的な移民忌避感情のみに転嫁する傾向があり，同じような移民忌避であっても文化的脅威として人種的異質性の高い移民のみを忌避するような感情には転嫁されていなかった。既存の秩序統治体系への不満・不安が反移民感情に転嫁されるといった議論を，片方では裏付ける結果であるといえるが，他方でそれがレイシズムや狭いエスノセントリズムにまで結びつくかと言えば，2010年代後半の欧州大の分析としては否定されるというのがここでの小括となろう。

西欧・東欧分割分析

　では，このような欧州における様々な変数の，複数の反移民感情への結びつきの有無について，欧州の東西間で差異は存在するだろうか。分析サンプルを東西に分割した結果が，表2である。

　先述の分析と同様の結果を共通に示しているところは解釈を割愛し，東西で結果に差異が表れる点に着目する。まず，東欧では一般に女性が移民に対して寛容な傾向がある。これは西欧には見られない傾向である。ただし，この結果をもたらしているメカニズムは不明である[15]。全欧分析でやや興味深い結果であった，「民族マイノリティ集団ほど人種横断的に移民忌避感情を

表2　欧州を東西に分割した場合の，移民忌避の多項ロジスティック回帰分析
（参照カテゴリ：移民受容）

	旧西側諸国				旧東側諸国			
	人種差別的移民忌避		人種横断的移民忌避		人種差別的移民忌避		人種横断的移民忌避	
	RRR	CRSE	RRR	CRSE	RRR	CRSE	RRR	CRSE
個人データ								
年齢	1.02***	0.00	1.01*	0.00	1.01***	0.00	1.02***	0.00
女性ダミー	1.07	0.05	1.03	0.07	0.90**	0.03	0.80***	0.02
民族マイノリティ[ではない]	1.06	0.13	0.73**	0.07	1.14	0.30	1.27	0.23
家計収入位置	1.00	0.01	0.97***	0.01	1.01	0.00	0.99	0.02
学歴	0.92***	0.01	0.91***	0.02	0.89***	0.02	0.80***	0.01
失業求職中	1.15	0.18	1.01	0.11	1.14	0.11	0.89	0.15
政治的無関心	1.12***	0.03	1.29***	0.05	0.97	0.03	1.19***	0.04
左右自己認識（右）	1.17***	0.01	1.14***	0.01	1.02	0.02	1.03*	0.01
政府活動満足度	1.00	0.01	0.94***	0.01	1.00	0.03	0.97	0.02
国内経済満足度	0.94***	0.02	0.93**	0.02	0.98	0.02	0.99	0.02
夜間安全懸念	1.09	0.06	1.12*	0.06	1.00	0.06	1.18***	0.05
移民＝文化多様化認識	0.73***	0.01	0.67***	0.01	0.75***	0.01	0.67***	0.01
秩序・命令従属志向	0.96	0.03	0.94***	0.01	0.96	0.02	0.95**	0.02
伝統・文化保護志向	0.95***	0.01	0.97***	0.01	1.00	0.02	1.01	0.03
職業(ref=経営者)								
軍	0.89	0.52	1.21	0.39	1.36	0.68	0.73	0.12
専門職	0.88	0.09	0.94	0.12	0.78**	0.06	0.89**	0.03
技師・准専門職	1.11	0.09	1.13	0.11	0.84**	0.06	0.96	0.04
事務補助	1.06	0.08	1.05	0.14	0.84	0.06	0.90	0.05
サービス・販売	1.18*	0.09	1.21*	0.10	0.89	0.06	0.97	0.11
農林漁業	1.47*	0.28	1.83***	0.28	0.60**	0.10	0.89	0.07
製造・技能	1.32***	0.08	1.54***	0.11	0.99	0.13	1.21	0.16
機械運転・輸送	1.42*	0.20	1.55***	0.13	1.04	0.06	1.22***	0.03
単純労働	1.13	0.08	1.18	0.12	0.86*	0.06	0.97	0.11
国年データ								
一人当たりGDP	0.92***	0.01	0.94	0.03	1.03	0.14	1.09	0.12
全国失業率	0.91	0.07	1.00	0.05	0.89***	0.02	1.04	0.04
人口中移民比率	10.651	3.11	5.01	6.22	3.09	9.29	4.621	1.75
ジニ係数	1.01	0.12	0.97	0.19	1.18	0.55	1.44	0.57
定数	0.00	0.00	0.00	0.00	0.01	0.09	0.00	0.00
Observations (R²)	40821 (.1996)				12512 (.1693)			

*p＜0.05, **p＜0.01

抱く傾向」は，西欧に特化した現象であった。移民を受け入れる側の西欧諸国における民族マイノリティは，さらなる移民集団が居住国にやってくることによって，さらなるマイノリティ間の競争が激しくなることを忌避すると考えれば，これが西欧のみで見られる現象であることは理解可能である。これは家計所得の効果についても同様で，家計所得が低いゆえに，人種横断的な反移民感情を抱く確率が高まるのは，移民をもっぱら受け入れている西欧

諸国においてみられる現象であった。東欧においては，このような競争を低所得層が強く心配する状況がないため(むしろ家計所得が低い場合は自らが移民として移動する蓋然性が高まる)，家計所得がいずれの反移民感情に対しても統計的に有意な影響を与えていない。関連して，低層労働階級従事者の反移民傾向も，概して西欧諸国の方で明確な結果が出ており，東欧では機械運転・輸送業従事者が人種横断的移民忌避確率の上昇を示すだけである。専門職(ないし准専門職)による，移民忌避確率の低下は，むしろ東欧の方においてこそ明確にみられる。国家間で差異はあるが，高度人材流出・頭脳流出に悩む東欧諸国にあって，特に専門的な職業に従事する者たちの間では，移民は職を奪い合う競争相手であるどころか，自分の職域に革新と知見をもたらす好ましい潜在的な同僚の候補とさえみなされているのかもしれない。本稿のサブ仮説も概ね支持されていったといいであろう。

　本分析からは，それ以上に興味深い結果が示されている。たとえば，国内の政治・経済状況への不満が，(人種差別的な移民忌避に対してのみにせよ，両タイプの移民忌避に対してのものにせよ)反移民感情に転嫁するという，全欧データで見られた傾向が，実は西欧のみで観察される現象であったことが明らかになった。既存の政治経済現象に対する不満が，移民に対する反感に転嫁されるという感情の前提には，国内に一定の移民が存在し回答者にとって可視化ないし前景化されている社会が必要であり，これを共有しない東欧各国においては政治経済的不満をもって反移民感情に転嫁するという状況が共有されていないのかもしれない。このことは，既存の政治経済状況に対する不満を支持基盤の一つとするいわゆるポピュリスト政党が，西欧では多く反移民的かつ右派的な政党としての顔を持つのに対し，東欧諸国においては，同様の政党が(数例の例外はあれど)反移民政党としての顔を有さず[16]，統治機構改革や公務員批判の議論を帯びやすい事とも連関していよう(Hanley & Sikk 2016)。経済的に劣後し，移民を引き付けられない国家において，政治経済的不満を反移民運動に転嫁するメカニズムは発現する蓋然性が低いといえる[17]。

　さらに，自国の伝統や文化を大事にするという感情が，移民排斥につながりやすいという複雑な現象もまた，西側諸国のみにおいて観察される現象であった。近年の西欧における移民排斥の言説は，特にムスリム系の移民集団などを指して，自由と平等という西欧社会の基盤的価値観を切り崩すものとして再描写することで支持を集めている面がしばしば指摘される(新川 2017)。本分析結果は，時にリベラル・ナショナリズムの言葉で形容される，

いわば「リベラル」と「排斥」のアクロバチックな結託ともいえる関係性を，単に理論的なものとして描くのではなく，実証的にも根拠づける結果であるといえよう。

全体として，全欧分析でみられた複数の変数の効果のうち，じつは内実としては西欧諸国においてだけ強く働くメカニズムというものが多く，東欧諸国のみにおいて働くメカニズムは（女性効果を除き）存在しなかった。これは何よりも，社会における（域外からの）既存移民受け入れの比率や過去・実績に欧州の東西で大きな開きがあり，域内のみでの人の移動に関して言っても，東は「送り出す側」であり西は「受け入れる側」であるという，欧州域内でも非対称な関係が存在していることに依存しているといえるだろう。だが，これはあくまで，東欧諸国で見られる固有の効果がない，というだけのことであり，東欧諸国で反移民感情が弱いということを示すわけではない。東欧でも西欧と同様に反移民感情を高める諸要素は存在しているのであり，単に，東欧では効果を持つ変数が少数に絞られていて比較的単純な構造であるのに対し，西欧でのそれはより多くの変数が絡み合う複雑な構造を有している，ということを示唆するのみである。

結論と含意

本稿が確認し，明らかにしたのは，次の点である。①ヨーロッパ諸国において，レイシズム的に「同じ人種の移民受け入れは賛成だが，異なる人種の移民受け入れは反対する」層は，相当程度の比率で存在しており，国によっては，ゼノフォビックに「人種に関係なく移民全般を忌避する」層よりも多い。②既存研究の指摘と同様，政治的・文化的態度変数の大小高低は，この両者の反移民感情を説明する。他方，特に既存研究においてはその効果を否定・疑問視されがちであった経済的状況の変数の効果は，「人種的異同とは無関係に移民を忌避したい層」である確率に与える影響に限定して言えば，依然としてそれを高める効果が確認された。移民との経済的競争（の忌避）は，ゼノフォビアは醸成するものの，レイシズムには直結しないと言えるかもしれない。③ただし，これらの経済的効果や，国内政治環境への不満の効果，あるいは，自国文化・伝統を重視する態度がもつ効果などは，分析対象を欧州の東西に分割した場合，西欧を対象とした分析においてのみ有意な効果を示した。これは，根本的に欧州の東西間に，域内移民受け入れ国・送り出し国という非対称関係があることに依存しているためと解せられる。

本研究が学術的にもつ含意は，2つある。実証的な観点からいえば，ATII

規定要因を分析する際に，回答者に想定されている移民増を峻別する重要性である。どのような移民層を想定して回答者が回答しているかを選別・同定できないと，反移民感情をもたらしていると想定される複数のメカニズムの，どのメカニズムを検証していることになるのか，分析者にとってはブラックボックスとなるため，ある特定のメカニズムのみには効果がある変数を，全体として効果がないと否定してしまう可能性がある。本分析は，複数の質問項目に対する回答のタイプ分けという（迂遠な）方法を用いて，この問題にアプローチした。

　この点は，2点目の概念的・理論的な含意につながると確信する。具体的には，「反移民」や「排外主義」として語られる諸現象の，主語（あるいは目的語）を大きくしすぎることの問題である。各国・各時代・各人にとって移民として想定される集団はどのようなグループなのか，排外される（したい）対象は誰なのか，具体的にその歴史的・社会的・文化的背景は異なるはずである。あるものにとって，「移民」として想起される集団は，欧州圏内における人の移動の平易さを利用してやってきた，見た目や肌の色が類似し，生活習慣や宗教的信条にも大きな差異はないが，異なる言葉を用いる貧困地域出身の食い詰めた粗暴な若者であるかもしれない。あるものとって，「移民」として想起される集団は，自分と同じ言葉を流暢に用いる専門職エリートではあるものの，見た目・肌の色・宗教・生活習慣に大きな隔たりを持ち文化的な点で理解不能な異国の中年かもしれない。「移民」とは，両者のうち，どちらを指すのか，理論的・外在的に一意に定めることはできない。様々な移民がおり，様々な移民それぞれに対して異なる評価が成立しうるという（ともすれば当然の）事実を本分析は示したともいえる。種々に異なる集団に対する多様な感情を「反移民感情」や「排外性」の名のもとに半ば無理やりにひとまとめに論じることは，その背景にある，排外主義のもつ多様性（という皮肉）を塗りつぶし見えなくすることとなる。もし，ある種の規範意識に基づいて，反移民感情を抑制し多文化共生社会を構築したいとする者が，この排外主義の多様性を考慮せずに十把一絡げの政策的対応を唱導・導入したとしても，その介入は時に無為に終わるだろうし，場合によっては政策実施コストが上回って社会的厚生を損なう可能性すらあろう。仮に排外主義が社会の病だとするならば，その病を軽減・除去するために必要なのは，健康第一との題目を幾度も唱える事ではなく，多様な病に通暁して弁別しその原因を把握することである。

　無論，移民集団や排外主義の抱える多様性・多義性への考慮が重要だ，と

いう本分析結果の含意に基づく批評は，すぐさま本研究自体にも跳ね返ってくる。本研究が峻別したのは，反移民感情のうち，人種的異同の差異に関連する要素のみであり，それをいわば多国横断的にラージN研究に落とし込んだに過ぎない。この裏では，各国に固有の特殊性といったものは当然のように，捨象されている。とはいえ，(使い古された表現ではあるものの)個別事例に着目したスモールN研究と，幅広い横断性に着目したラージN研究は，つねに政治現象を探索するうえでの車の両輪であり，価値や意義の点において上下関係にあるものではない。本稿の知見をもって，さらなる個別事例の研究に対する議論(むろん国際比較研究も)が惹起されることを期待する。

* 本研究は科研費補助事業(課題番号17K13676「欧州における極右政党支持・排外主義と選挙動員の実証研究」)による成果の一部である。
（1） ここで注意したいのは，人種概念とエスニシティ概念の違いである。両者は，学術的には後者が前者を包含するものとして用いられることも多く，Chandra（2006, 2012）に代表される近年のエスノポリティクス研究などにおいては，エスニシティ概念が観念・構成される際の属性の一つとして人種概念が用いられることが多いだろう。他方，日常・実務の領域にあっては両者がほぼ等価で用いられる傾向も根強く，旧イギリス植民地のように，狭義のエスニックグループのことをraceとして公式に命名・定義するケースもある（前田1993; 坂口2011）。そもそも，ethnicityの今日的用法自体が，WWII後にraceの言い換えとして普及してきた(相対的には)新しい用法である背景もある(Oxford英語辞書への登録は1972年になってのことである[Eriksen 1988 / 94; Rees 2007])。ゆえに，論理的には「同じ人種と観念されるが異なるエスニシティとして認識される」ことは当然ありえるものの，世論調査に回答する当事者たちがそのような意味でethnicity / ethnic groupという言葉をとらえているとは必ずしも想定されえない。実際に，ethnic groupに相当する欧州諸言語で，「イメージ検索」を行った場合，出てくるのは圧倒的に，「中東，東アジア，アフリカ諸圏に多い肌の色や容貌をした」人間の写真である。一定の知的水準にある解答者であれば，ethnicityとraceを概念的に区別していることも想定されるだろうが，質問文にraceの語が入っていることから，同語に牽引された反応を示していると想定する。このことから，本研究においては，同質問のracial / ethnic groupに対して，欧州諸国の回答者の多くは，人種的コードとして同語を捉えていると想定する。
（2） 第7波には，「欧州外の貧しい国からの移民」と「欧州内の貧しい国からの移民」を対比できる調査項目が含まれているが，これは7波(および1波)のみの特別な項目であり，他の調査タイミングとの比較可能性がないため，本稿においては利用しない。

（3）　ここで想定しているのはdiscriminateというよりはdifferentiateとしての「差別」であるが，日本語の「差別」という用語に党派性を感じるようであれば「区別」と読み替えてもらっても差し支えない。
（4）　類似の論争は新右翼政党に対する支持を巡る議論でも見られている。
（5）　本研究の関心からはそれるが，日本における最大移民集団である日系ブラジル移民に対する態度分析でも，経済的競合に影響する職種の効果は見いだされず，安全認識や文化喪失懸念の効果が有意に示されている。(濱田 2013)
（6）　無論，異なる人種グループに対する態度が移民への態度を規定していることや，自国の非EU圏出身者比率と種々の社会経済変数の交差効果を検証することは，それこそ欧州における反移民態度計量分析研究の嚆矢ともいえる，Quilian (1995)の研究からすでに行われてきた。また，メカニズムとしても，ethnic competition theoryのような，異質なる文化集団・民族集団との競争（の忌避）認識は，政治的右派性が影響を与える論理などとして考慮されてきた。しかし，その効果を計測するにあたって，用いられてきたのはもっぱら「非EU市民の比率」であり，これは「ある国では非EU市民比と移民比は同じかもしれないが，ある国ではこの両者はまったく別の2グループである」(Schneider, 2008: 56)という問題を抱えていた。この点を問題視したシュナイダーは，非欧州出身の移民のみの比率を算出し，その比率が移民に対するネガティブな態度を規定するという議論を展開した(ibid)。
（7）　むろん，人種的同質性が高い移民集団に対しても，同様の感情を持っている回答者がいることは十分に想定される。しかし，その強度や蓋然性は，人種的異質性の高い移民グループの方に向けられるものに比べれば，なお弱く低いと言えるだろう。
（8）　ここで観察したいのは，あくまで欧州経済格差とそれに基づく域内人口移動の効果である。したがって，経済水準が低く，従来移民流出が大きかったスペインなども，東欧等と同一のグループに加えて分析に含めることが妥当な可能性もあろう。しかし，その場合，線引きをどこに設定するかの基準を明確に設定できない。またそもそも近年のスペインは急速に移民受け入れ側にシフトしてきているし(横田，2017)，人口流出と流入のバランスに関して東欧諸国であっても一貫した傾向があるわけではない(中井，2015)。質的に線引きが可能な，旧共産圏か否かという差異は，欧州内部においても認識されやすい差異であり，ここではそれを用いる。無論，検証のため，スペイン，ポルトガル，キプロスを西欧側に含めず，南東欧としてまとめた分析も行っている(ギリシャは第5波までしかデータがないためそもそも分析に含まれていない)。そこでは，ここで報告される結果と大きく異なる結果は示されなかったことを付言しておく。
（9）　そもそも論として，東欧における多くの回答者にとって，「移民」として想起される集団は，「受け入れる」「受け入れない」という評価の対象として

の「他者」ではないかもしれない。「移民」とは，東西強国間の衝突と戦禍(あるいは幾度かの国境変更)から逃れて自身に命をつなげた祖父母や両親のことであったり，貧しさゆえに祖国を見捨てざるを得ず今まさに西欧に移住しようとしている自分自身や子弟のことであるかもしれない。その時，移民に対する態度表明を行うことは，自身の過去と未来に対する評価を同時に意味するものとしての意味も持っているであろう。

(10) なお例外として，ラトビアは2回調査を実施しているものの，2014年データが公開されていないためそもそも元データに含まれていない。ESS事務局によると「調査は行われたはずだがラトビアチームからのESSへのデータ譲渡が未だに完了しておらず，公開がひどく遅れている(severely delayed)」とのことである(著者との個人的メール応答，2017年2月7日)

(11) なお本稿執筆中に第8波データも公開されたが，第1次公開としてまだ公開・提供されていない国がある。6・7波データを用いる実質的な理由は，前述のとおり，このころに欧州諸国が実質的に異なる人口流入の社会変動を検討したことに加え，後述するように，本研究テーマ上検討不可欠な職業分類ISCOデータが，20年ぶりにアップデートされてESS第6波から採用となったため，第5波以前とは単純に一度に分析できなくなったためである。

(12) 具体的には，ロシア，ウクライナ，イスラエルの3国が分析から外される。

(13) なおOesch 2013自体にはISCO-88対応の分類法しか掲載されていないが，かれのウェブサイトを見ると，ISCO-08対応の分類法も明らかになっている。

(14) データはそれぞれ，世界銀行データ，世界銀行データ(ILO推計)，国際連合Migrant Stockデータ(トータル) 2015年版テーブル3, Solt (n.d.) SWIID ver5.1データを用いた。

(15) この結果は，本分析の予備分析過程においてもかなり強く結果を出しており，ESSデータの波を変更したり，統制変数の種類を増減したりしても，どちらか一方の反移民感情を損ねることはあっても，ほぼ毎回表れていた結果であった。ある種の文化的要素の効果なのか，同地域において女性の置かれた社会的状況の効果なのかも不明である。体系的には，旧共産圏においては，女性の方が，年金受給開始年齢が早いことが指摘できるが，それが移民に対して抱く感情に与える効果も不明である。

(16) 管見の限り，2010年代の東欧政党政治において，反移民を前面に掲げて既存政党間競争への新規参入に成功したのはエストニアのEKREとチェコの(オカムラが率いる) SPDのみである。東欧において反移民を掲げているのは，ポーランドのPiS，ハンガリーのFidesz，スロヴァキアのSNS，ラトヴィアのNAなど，むしろ既存政党側であるといってよいのではないだろうか。

(17) 同じように，経済的劣後性ゆえに域内移民の送り出し国となっているスペインやギリシャで，ポピュリスト政党が反移民の右翼の顔を持たず，左翼的原理と結束したのも，これと関連するかもしれない。

【参考文献】

Alba, Richard, Ruben G. Rumbaut, and Karen Marotz (2005) "A Distorted Nation: Perceptions of Racial/Ethnic Group size and Attitude toward Immigrants and Other Minorities," *Social Forces*, 84 (2), 901-919.

Ayers, John, Richard Hofstetter, Keith Schnakenberg, and Bohdan Kolody, (2009) "Is Immigration a Racial Issue? Anglo Attitudes on Immigration Policies in a Border Country," *Social Science Quarterly*, 90 (3), 593-610.

Brader, Ted, Nicholas A. Valentino, and Elizabeth Suhay (2008) "What Triggers Public Opposition to Immigration? Anxiety, Group Cues, and Immigration Threat" *American Journal of Political Science*, 52 (4), 959-978.

Ceobanu, Alin M. and Xavier Escandell. (2008). East is West? National Feelings and Anti-Immigrant Sentiment in Europe," *Social Science Research*, 37, 1147-1170.

Ceobanu, Alin M., and Xavier Escandell. (2010). "Comparative Analyses of Public Attitudes Toward Immigrants and Immigration Using Multinational Survey Data: A Review of Theories and Research." *Annual Review of Sociology* 36 (1): 309–28.

Chandler, Charles R. and Yung-Mei Tsai, (2001) "Social Factors Influencing Immigration Attitudes: An Analysis of Data from the General Social Survey," *Social Science Journal*, 38 (2), 177-188.

Chandra, Kanchan (2006) "What Is Ethnic Identity and Does It Matter?" *Annual Review of Political Science*, 9, 397-424

Chandra, Kanchan ed. (2012) *Constructive Theories of Ethnic Politics*, Oxford University Press.

Coenders, Marcel, Marcel. Lubbers, and Peer Scheepers (2005) "Majorities' attitudes towards minorities in Western and Eastern European societies: Results from the European Social Survey 2002-2003," Report 4 for the European Monitoring Centre on Racism and Xenophobia.

Coenders, Marcel, and Peer Scheepers (2008) "Change in Resistance to the Social Integration of Foreigners in Germany 1980-2000: Individual and Contextual Determinants," *Journal of Ethnic and Migration Studies*, 34 (1), 1-26.

Davidov, Eldad, Bart Meuleman, Jaak Billiet, and Peter Schmidt. (2008) "Values and Support for Immigration: A Cross-Country Comparison," *European Sociological Review*, 24 (5), 583-599.

De Figueiredo Jr., Rui J. P., and Zachary Elkins (2003) "Are patriots bigots?," *American Journal of Political Science*,47 (1), 171-188

Eriksen,Thomas H. (1988/1994) *Ethnicity and Nationalism: Anthropological Perspectives*, Pluto Press.

Facchini, Giovanni. and Anna M. Mayda. (2009). Does the welfare state affect individual attitudes toward immigrants? evidence across countries," *Review of Economics and Statistics*, 91, 295–314.

Facchini, Giovanni and Anna M. Mayda (2012) "Individual Attitude toward Skilled Migration: An Empirical Analysis across Countries" *The World Economy*, 35 (2), 183-196.

Golder, Matt. (2003) "Explaining Variation in the Success of Extreme Right Parties in Western Europe," *Comparative Political Studies*, 36 (4), 432-466.

Hainmueller, Jens and Daniel J. Hopkins, (2014) "Public Attitude toward Immigration," *Annual Review of Political Science*, 17 (1), 225-249.

Hainmueller, Jens and Michael J. Hiscox (2007) "Educated Preferences: Explaining Individual Attitude Toward Immigration in Europe," *International Organization*, 61 (2), 399-442.

濱田国佑(2013)「在日ブラジル人の「社会問題」化と排外意識」小林真生『レイシズムと外国人嫌悪』明石書店.

Hanley, Sean and Allan Sikk (2016). "Economy, Corruption, or Floating Voters? Explaining the Breakthroughs of Anti-Establishment Reform Parties in Eastern Europe," *Party Politics*, 22 (4), 522-533.

Harell, Allison, Stuart Soroka, Shanto Iyengar, Nicholas Valentino (2012) "The Impact of Economic and Cultural Cues on Support for Immigration in Canada and the United States," *Canadian Journal of Political Science*, 45 (3), 499-530.

Helbling, Marc and Hanspeter Kriesi (2014) "Why Citizens Prefer High- Over Low-Skilled Immigrants: Labor Market Competition, Welfare State, and Deservingness," *European Sociological Review*, 5 (1), 595-614.

稗田健志(2017)「西欧諸国における右派ポピュリスト政党:比較の視点から」2017年度日本政治学会研究大会,報告論文,1-25.

Hjerm, Mikael. (2001). "Education, xenophobia and nationalism: a comparative analysis," *Journal of Ethnic and Migration Studies*, 27, 37–60.

Hjerm, Mikael and Kikuko Nagayoshi (2011) "The Composition of the Minority Population as a Threat: Can Real Economic and Cultural Threat Explain Xenophobia?" *International Sociology*, 26 (6), 815-843.

Knigg, Pia (1998) "Ecological Correlates of Right-Wing Extremism in Western Europe," *European Journal of Political Research*, 34, 249-279.

Luedtke, Adam (2005). "European integration, public opinion and immigration policy: Testing the Impact of National Identity" *European Union Politics*, 6 (1), 83-112.

前田成文(1993)「国家・言語・宗教・慣習:東南アジアからの視点」中野秀一郎・今津孝二郎編『エスニシティの社会学』世界思想社,223-42.

中井遼(2015)「リトアニア・ラトヴィア-東欧のE (Im)migration問題の極端例として」岡部みどり編『人の国際移動とEU:地域統合は「国境」をどのように変えるのか?』法律文化社,132-143.

Oesch, Daniel., (2013). *Occupational Change in Europe: How Technology and Education Transform the Job Structure*. Oxford University Press.

O'Rourke, Kevin H., and Richard Sinnott. 2006. "The Determinants of Individual Attitudes towards Immigration." *European Journal of Political Economy* 22 (4): 838–61.

Quillian, Lincoln. 1995. "Prejudice as a Response to Perceived Group Threat: Population Composition and Anti- Immigrant and Racial Prejudice in Europe." *American Sociological Review* 60 (4): 586–611.

Rees, Richard (2007) *Shades of Difference: A History of Ethnicity in America*, Rowman & Littlefield.

坂口可奈2011「シンガポールにおける「多人種主義」再考」『早稲田政治公法研究』97, 17-30.

Scheve, K. and Slaughter, M. J. (2001). "Labor market competition and individual preferences over immigration Policy," *Review of Economics and Statistics*, 83, 133–145.

Schneider, Silke L. (2008). "Anti-immigrant attitudes in Europe: Outgroup Size and Perceived Ethnic Threat," *European Sociological Review*, 24 (1), 53-67.

Semyonov, Moshe., Rebeca Raijman and Anastasia Gorodzeisky 2006, "The Rise of Anti-foreigner Sentiment in European Societies,1988–2000," *American Sociological Review*, 71 (3), 426–449.

新川敏光(2017)「リベラルな国民再統合パターンの析出－英独仏を事例として」新川敏光編『国民再統合の政治－福祉国家とリベラル・ナショナリズムの間』ナカニシヤ出版, 11-41.

Sides, John, and Jack Citrin. 2007. "European Opinion About Immigration: The Role of Identities, Interests and Information." *British Journal of Political Science* 37 (3): 477–502.

Solt, Frederick, SWIID (The Standardized World Income Inequality Database), available at [http://fsolt.org/swiid/]

Solt, Frederick. (2016). "The Standardized World Income Inequality Database." *Social Science Quarterly*, 97 (5), 1267-1281.

Valentino, Nichols A., S. N. Soroka, S. Iyenger, T. Aalberg, R. Duch, M. Fraile, K. S. Hahn, K. M. Hansen, A. Harell, M. Helbling, S. D. Jackman, and T. Kobayashi (2017) "Economic and Cultural Drivers of Immigrant Support Worldwide", *British Journal of Political Science*, online first. 1-26.

Wagner, Ulrich and Andreas Zick (1995) "The Relation of Formal Education to Ethnic Prejudice: Its Reliability, Validity and Explanation," *European Journal of Social Psychology*, 25 (1), 41-56.

横田正顕(2017)「現代スペインにおける福祉国家化と移民国家化」, 新川敏光編, 上掲書, 235-268.

Zick, Aandreas, Thomas F. Pettigrew, and Ulrich Wagner. (2008) "Ethnic Prejudice and Discrimination in Europe," *Journal of Social Issues*, 64 (2), 233– 51

■特集　排外主義の比較政治学

外国人労働者に対する態度

―コンジョイント分析による研究―

鹿毛利枝子
田中世紀
フランシス・ローゼンブルース

> 要旨：近年の研究の多くは，世論は一般に教育水準が高く，高い語学力をもつ移民の受け入れを支持しており，こうした選好が個人の経済的利益ではなく，社会全体に対する関心，いわゆる「ソシオトロピック」な態度に根ざすものとしてきた。本稿は，オリジナルのサーヴェイを用いつつ，失業者は低技能の外国人労働者の受け入れに否定的であることを示す。このことは経済的自己利益以外の要因からは説明困難である。本稿は，「ソシオトロピック」な態度が，自己利益が脅かされない場合にのみ顕在化する可能性を示す。

1. はじめに

　日本でもヨーロッパでも，少子化の進展が年金財政を圧迫している。と同時に，これらの国々の世論の多くは，移民の増加に消極的でもある。移民受け入れの拡大が政治的に不人気なのは先進国共通の現象である(Fetzer 2000; Pew Research Center 2014)。図1は，世界価値観調査(2005-09)において，他国から人々が自分の国に働きに来ることを厳しく制限するか，もしくは一切禁止すべきだという立場に賛成する回答者の比率を示す。図にあるように，多くの先進諸国では移民制限に対する支持が4割を超え，日本の世論も同様である[1]。

　移民はなぜ不人気なのだろうか。この点について，多くの研究は近年経済的利益以外の要因の重要性を指摘してきた。Hainmueller and Hopkins (2014) は，移民に対する反感が経済的自己利益，つまり職を奪われることへの懸念や賃金の低下，生活保護を受ける移民が増えることから生じる税負担の上昇といった要因に根ざすという仮説を，実証的根拠を欠く「ゾンビ理論」であると退けている。代わりに注目されているのが，いわゆる「ソシオトロピッ

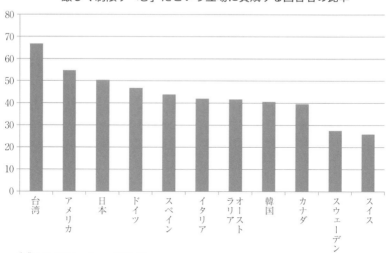

図1 外国人労働者が来ることを「一切禁止すべき」もしくは「厳しく制限すべき」だという立場に賛成する回答者の比率

出典：World Values Survey, 2005-09.
質問文は、「他の国々からこの国に働きに来る人々について、政府はどうすべきだと思うか」①制限なく受け入れるべき、②国内に職があるならば受け入れるべき、③厳しく制限すべき、④一切禁止すべき。」の中から一つ選ぶ形式。

ク（社会志向）」と呼ばれる要因を強調する立場である[2]。この立場によれば、世論は一般に教育水準が高く、高い語学力をもつ移民の受け入れを支持し、こうした選好は個人の経済的利益ではなく、社会全体に対する関心に根ざすものとされる。本稿も先行研究にならい、一国の経済や社会全般にとって利益となるような移民の受け入れを支持する態度——それが自身の仕事の安定性や賃金、税負担といった個人レベルの経済的利益と矛盾しようとも——を「ソシオトロピック」な態度と定義する。

では「ソシオトロピック」な態度はどのようなメカニズムに根ざしているのか。これは理論的にも政策的にも重要な問題である。理論面でいえば、従来の研究は、「ソシオトロピック」な態度が、自らの個人的経済利益の先行指標として機能しているのか、あるいは自国の社会・経済全体に対するアイデンティティや貧しい人々に対する心理的な嫌悪感といった心理的な要因に支えられているのか、十分に明らかにしてこなかった。また政策的にも、移民に対する世論が「ソシオトロピック」であるとすれば、そのメカニズムを解明することは、移民受け入れに対する支持を高める方策を探る上でも役立つ。

本稿は、労働市場における立場が移民受け入れに対する態度に及ぼす影響

を探る。ここで注意すべきは，低技能の回答者が高技能の移民の受け入れに積極的である場合，この積極性が「ソシオトロピック」なモチベーションに根ざしている可能性もある一方で，経済的自己利益に根ざしている可能性もあることである。というのも，低技能の労働者と高技能の移民労働者は労働市場において競合関係にない。また高技能の回答者が高技能の移民の受け入れに積極的であるとしても，必ずしも「ソシオトロピック」なモチベーションの証左とはならない。高度熟練労働市場は一般に高度に細分化されており，高技能労働者は相互に競合しないことが多いからである。しかし低技能労働者が低技能移民の受け入れに消極的であれば，自らの職や賃金水準が直接脅かされるため，これは自己利益に根ざすものと捉えることができる。実際本稿は，オリジナルのサーヴェイ調査に基づき，日本では失業者が低技能の外国人労働者の受け入れに消極的であることを示す。つまり「ソシオトロピック」な態度は，自己利益が脅かされない場合にのみ顕在化する可能性があるのである。

次節では，移民に対する世論をめぐる先行研究を概観する。第三節では，日本の事例を比較の枠組みにおいて位置づける。第四節では本稿の仮説を提示し，第五節は仮説を検証する。第六節では，本稿において得られた知見をまとめる。

1．移民に対する世論をめぐる先行研究
###　　　——経済的利益・心理的バイアス・「ソシオトロピック」な視座——

移民に対する世論をめぐっては，近年，非常に多くの研究が蓄積されている。移民に対する世論を規定する要因として，経済学者は経済的自己利益を，また心理学者は意識的・無意識的な心理的バイアスを，社会学者は社会的な規範意識や価値観を，それぞれ強調してきた。表1は，従来の研究と，

表1　移民に対する態度をめぐる社会科学的説明：注目されるメカニズム

	経済的要因	非経済的要因
個人レベル	**ミクロ経済的要因** ・労働市場における競合 ・生活保護を受ける移民の増加による税負担の増加 ・経済全体のパフォーマンスを個人の経済状況の先行指標として捉える	**心理的要因** ・低技能労働者に対する偏見
社会レベル	**ソシオトロピック要因** ・社会全体に対するアイデンティティ （自己利益や貧困層に対する心理的嫌悪感ではなく）	**文化的要因** ・内面化された規範や信念

それぞれが重視するメカニズムをまとめたものである。

ミクロ経済学的立場からは，世論は「ネイティヴ」の職を脅かしたり賃金水準の低下に繋がる移民，あるいは生活保護負担を増大させることで社会全般の税負担を上昇させる移民の受け入れに反対するとの予想が導かれてきた (Citrin, Green, Muste, and Wong 1997; Money 1997; Mayda 2006; Sides and Citrin 2007; Hanson, Scheve, and Slaughter 2007)。

一方，資産フローの国際移動をめぐる新古典派的モデルからは，移民の自由な往来は生産性を向上させ，賃金水準の上昇に繋がるという予想が導かれてきた。実際，従来の研究は，移民労働者が多くの場合，「ネイティヴ」の市民の就きたがらない職業——たとえば低賃金で危険な職業や，いわゆる「きたない」職業，「ネイティヴ」の供給が不足している職業——に就くことを示してきた(Card 2005, 2009; Card, Dustmann, and Preston 2012)。低技能の移民労働者が増えれば，「ネイティヴ」の労働者はより高い技能やコミュニケーション能力が求められる職業へと移行することが可能になる(Peri 2012; 2014)。これらはまさに移民の競争力が弱い職業でもある。

むろん，低技能の「ネイティヴ」労働者は代替可能性が高いので，移民労働者の流入に対してもっとも脆弱である。しかし移民がアメリカの低技能の労働者に及ぼした影響を検証したOttaviano and Peri（2012）によると，1990年から2006年にかけて，移民の流入はもっとも低技能の労働者の賃金水準を0.1％から3.1％程度押し下げたにすぎず，その影響は限定的であるとされる。移民労働者が賃金水準に及ぼす影響が小さい理由は，資本やモノの流れが自由な世界においては，企業はネイティヴ労働者と移民労働者の賃金を比べて安い方を雇うのではなく，移民労働者を雇用するコストと，賃金の低い海外に生産拠点を移すことのコストを比べるからである。つまり移民の流入を制限したからといって，ネイティヴ労働者が自国において安定した職や賃金を得られる保障はどこにもないのである(Card 2001)。

一方で最近の研究は，多くの先進国において，高学歴・高技能の移民労働者の受け入れに対して，世論が一定の支持を与えていることを示している(Chandler and Tsai 2001; Sniderman, Hagendoorn, and Prior 2004; Iyengar et al. 2013; Tingley 2013)。これは従来の経済学的な枠組みからは説明がつかない現象である。代替的な説明はいくつか考えられる。一つの可能性は世論が「ソシオトロピック」であるという説明であり，世論が経済・社会全体にとっての利益を考慮するというものである。第二の可能性は，世論が自らの個人的な経済状況を考える上で，経済全体の指標を参考にする，というも

のである。この観点からは、世論がマクロ経済全体の指標を自らの将来的な経済状況の先行指標として捉えていることになる。第三の可能性は、世論が低技能で教育水準も低い人々に対して心理的な偏見をもつ、というものである。

もっとも、ソシオトロピックな説明と経済的自己利益に基づく説明のいずれがよく当てはまるかを検証することは、さほど単純な作業ではない。Dancygier and Donnelly（2013）やDancygier and Walter（2015）などが指摘するように、高技能のネイティヴが高技能の移民受け入れに前向きであることは必ずしも経済的自己利益に基づく説明への反証とはならない。既に述べたように、高技能の職は細分化が進んでいるため、たとえば移民のプログラマーが増えたからといって、ネイティヴの医者や弁護士が職を失ったり、賃金水準が下がるわけではない。またGoldstein and Peters（2014）によれば、一般に高技能のアメリカ人は高技能の外国人労働者の受け入れに前向きであるが、2008年のリーマン・ショック後は消極的となった。この知見は、移民受け入れに対する世論を規定する要因としてのマクロ失業率の重要性を指摘したMoney（1997; 1999）の研究とも重なるものである。Malhotra, Margalit, and Mo（2013）もまた同じ労働市場に移民が流入することへの懸念が移民受け入れへの反対を上昇させることを示す。つまり「ソシオトロピック」な態度は、それ自体として移民に対する態度に影響を及ぼすというよりは、経済的自己利益と相まって効果を及ぼすようであるが、そのメカニズムはまだ十分に解明されているとはいえない。本稿の目指すのは、このメカニズムの解明である。

2．金融市場と労働市場

本研究は、日本を事例に移民労働者受け入れに関する世論の規定要因を探る。日本は先進諸国の中でももっとも急速に高齢化が進む国でありながら、移民の受け入れには最も制限的な政策をとり続けている国の一つであり、移民に対する世論と、その規定要因を探る上で恰好の素材を提供する。

むろん、日本は移民の数が未だ少ないため、移民に対する世論の態度は実際の経験というよりは、想像に基づく部分が多い（Allport 1954; Iyengar et al. 2013; Kobayashi et al. 2014）。とはいえ、移民が少なくても経済的利害の計算をすることは十分に可能である。移民労働者が増えた場合に賃金が下がりそうか否か、あるいは雇用が脅かされそうか否かなどについて、予想を立てることは十分できるだろう。したがって日本の世論調査に基づいて移民受け入

れに対する世論の態度について，一般化可能な命題を導くことは十分に可能であると思われる。

本節では，労働市場の構造や慣行が労働者の価値観に及ぼす影響についても，新たな理論枠組みを提示する。

労働市場が流動的なアメリカなどとは異なり，日本の労働者，少なくとも大企業のいわゆる「総合職」労働者は比較的安定的な雇用を保障されている。日本の長期的雇用慣行は，第一次・第二次世界大戦後の経済好況の中で生まれてきたものであるが，1990年代以降縮小しながらも，基本的にこれまで維持されてきた。労組も左派政党も弱い中，日本の大企業は，長期的雇用を維持することで，優秀な人材のリクルートメントと育成を図ってきた（Moriguchi and Ono 2006; Pempel and Tsunekawa 1979）。

一旦成立すると，日本の長期雇用システムはそれ自体として強力なインセンティヴ・システムとして機能した。管理職の立場からすると，長期的雇用慣行は，人材育成に積極的に投資するインセンティヴを与えた。労働者の側も，昇進へのモチベーションから，人的資本（企業特殊的な技能）への積極的な投資を行った。日本の長期雇用システムは職の安定を保障する一方で昇進は保障しなかったため，上司に（他の労働者と比べて）評価されることをめぐる競争が発生した（小池1991; 今田・平田1995）。長期雇用システムは，不況時に余剰労働力を削減しにくいという弱点を内包するが，日本企業はさまざまな方法でこの弱点を克服してきた。ボーナスの仕組みを通じて人件費を柔軟に削減したり，不況時に一部従業員を子会社に再配置したり，という方法である（Koshiro 1983; Koike 1983; Kagono and Kobayashi 1994）。

青木昌彦の指摘するように，日本の長期雇用制度は，日本の金融市場のあり方を抜きには理解しえない（Aoki 1988）。長期雇用を支えたのは，銀行からの長期融資である。日本の金融市場の規制緩和がとりわけ1990年代以降進展するとともに，日本企業においても長期雇用の恩恵を受ける正規雇用従業員の比率は縮小の方向に進んだ。最近の調査では，新規大卒の間でも，正規雇用に就くことができるのは半分以下だとされる（Hamaaki et al. 2010）。

青木の主張が正しければ，金融市場の自由化は，日本の移民政策と，移民に対する世論の双方に重要な影響を及ぼすことが予想されるが，二つの影響は相反するものとなると考えられる。一方で，金融市場の自由化が進むとともに，経営側は固定労働コストを削減する必要に迫られ，より安価で不安定な労働力への依存を強めていくことが予想される。つまり，日本の経営者も，他の先進諸国の経営者同様，移民の受け入れにより積極的になったり，

また生産拠点の少なくとも一部を海外に移転することが予想される。他方労働者の側は，職や賃金の安定性を失い，また経営側が外国人労働者の採用拡大に前向きになるとともに，移民に対する警戒感を強めていくことが予想しうる。

4．仮説

前節の議論に基づいて，本節では，移民受け入れに対する世論の態度を規定する要因について，仮説を提示する。本稿では，労働市場における競争の程度が，移民受け入れに対する態度を規定するものと考える。競争の程度は，三つの条件に規定される。第一は，ネイティヴと移民労働者が同じ産業で働くかどうかである。第二は，労働市場の中の労働力不足の状況である。第三は，技能水準である。　表2～4は，予想される帰結をまとめたものである。

まず，雇用の安定性が脅かされず，あるいは移民の多くが生活保護を受けて財政的負担を増大させない限り，「ネイティヴ」は「ソシオトロピック」な観点から高技能移民の受け入れを歓迎することものと考えられる。他方，「ネイティヴ」の職が脅かされる場合はどうだろうか。この場合，労働力不足に直面する労働市場とそうでない労働市場に分けて考えることができる。Malhotra, Margalit, and Mo（2013）は，ネイティヴが移民労働者による競争を受けるか否かは，セクターや地域によって異なるとしている[3]。たとえば，アメリカのハイテク地域におけるH-1Bビザ（プロフェッショナル）保有者は，それ自体，独自の分析単位としてみるべきだとする。この立場からすると，ネイティヴは，自分と同じ産業に移民労働者が参入してこない限り，移民の脅威には晒されないことになる。また労働力不足のある産業では，同じ産業に移民労働者が参入してきても，賃金や雇用の安定性に対する懸念は生じにくいだろう。

既に述べたように，高技能労働者は，低技能労働者に比べて代替可能性が低いため，低技能外国人労働者によって雇用を脅かされることが少なく，で

表2　労働市場における競争が高技能・低技能移民の受け入れへの態度に及ぼす影響：予想される効果①（移民が異なる産業で雇用される場合）

	労働市場における競合の度合い	予想される態度
高技能ネイティヴ	低い	高技能移民の受け入れに好意的
低技能ネイティヴ	低い	高技能移民の受け入れに好意的

表3 労働市場における競争が高技能・低技能移民の受け入れへの態度に及ぼす影響：予想される効果②（移民が同じ産業で雇用されるが，労働力不足が高い場合）

	労働市場における競合の度合い	予想される態度
高技能ネイティヴ	低い	同じ産業内の高技能移民の受け入れに好意的
低技能ネイティヴ	低い	同じ産業内の低技能移民の受け入れに好意的

表4 労働市場における競争が高技能・低技能移民の受け入れへの態度に及ぼす影響：予想される効果③（移民が同じ産業で雇用されるが，労働力不足が低い場合）

	労働市場における競合の度合い	予想される態度
高技能ネイティヴ	低い	同じ産業内の高技能移民の受け入れに好意的
低技能ネイティヴ	高い	同じ産業内の低技能移民の受け入れに否定的
失業中のネイティヴ	高い	同じ産業内の低技能移民の受け入れに否定的

の結果，ソシオトロピックな観点から，高技能移民労働者の受け入れに対して比較的積極的であることが予想される。低技能の労働者も，移民労働者が同じ産業に流入してくるのでなければ，あるいは労働力不足の顕著な産業に従事する場合，移民労働者の増加による競争激化は懸念せず，したがって移民労働者の受け入れに大きな反対は示さないものと思われる。

経済的自己利益とソシオトロピック的モチベーションが衝突するのは，「ネイティヴ」が労働市場において競争を受けるとき，つまり労働力余剰の労働市場にある低技能労働者や失業中の低技能労働者の場合のみである。このケースを示すのが表4である。本稿の仮説が正しければ，労働力余剰の状態にある労働市場の低技能労働者や失業中の低技能労働者は，低技能の外国人労働者の受け入れに反対するはずである。他方，それ以外の条件の下では，ネイティヴは，高技能外国人労働者の受け入れに好意的であるか，少なくとも積極的には反対しないはずである。

さらに日本の文脈では，以下のような仮説を立てることが可能である。

まず第一に，日本の有権者は，他の先進諸国と同様，低技能よりも高技能外国人労働者の受け入れを支持することが予想される。また社会固有のニーズがあれば，そのニーズを満たすような技能をもつ移民の受入に世論が好意的となる可能性もある（Dancygier and Donnelly 2013）。とりわけ日本では急速な高齢化が進む中，看護師や介護士の不足が深刻化しており，これらの分

野における外国人労働者の受け入れが支持される可能性がある。以上より，

　　仮説1：日本では，高学歴・高技能な移民や，ニーズの高い分野での移民
　　　　　　受け入れが支持される可能性が高い。

　第二に，財政負担への懸念が挙げられる。これまで本稿では，財政負担増大への懸念が移民受け入れに対する世論に及ぼす影響について正面から論じていないが，移民が長期的に生活保護費を圧迫する場合，国民の税負担が拡大することも考えられる(Hanson, Scheve and Slaughter 2007)。このため，所得水準の高い有権者は，それ以外の回答者と比べて，低学歴・低技能の外国人労働者の受け入れに消極的である可能性がある。以上より，

　　仮説2：日本では，高所得層が税負担の増大を懸念するため，低学歴・低
　　　　　　技能の移民の受け入れに消極的になる可能性がある。

　第三に，外交関係における緊張関係が移民受け入れに対する態度に反映する可能性がある。このような傾向は，アメリカなどにおいても観察されてきた(Key 1949; Hainmueller and Hopkins 2015; Kam and Kinder 2007; Hopkins 2011; Kobayashi et al. 2014)。具体的には，日本と近年緊張の高まっている中国・韓国からの移民が警戒される可能性がある。そのため，

　　仮説3：日本の世論は，中国・韓国系の移民受け入れに，とりわけ日中・日
　　　　　　韓関係が緊張している時期において，消極的となる可能性がある。

5．サーヴェイと結果

　本研究の依拠するサーヴェイ実験は，2015年1月から3月の間に実施され，1,611人の回答者から回答を得た。回答者は自らの「本当の」態度ではなく，社会的に望ましいと思われる回答を選ぶ可能性があるため(social desirability bias)，本研究では，Hainmueller and Hopkins (2015)にならい，コンジョイント実験法を用いて調査を行った。コンジョイント分析はもともとマーケティングの分野で発達した手法であり，異なる属性の商品二つの中から，どちらを消費者が好むかの分析に用いられてきた。政治学分野でも近年，コンジョイント実験法の利用が拡大している(Franchino and Zucchini

2015; Hainmueller and Hopkins 2015; Hainmueller, Hopkins, and Yamamoto 2014; Horiuchi, Smith, and Yamamoto 2015; Ballard-Rosa, Martin, and Scheve 2014; 宋・善教2016)。

　調査では，回答者が，ランダムに選ばれた架空の外国人労働者二人の中から，（両者が絶対的に好ましくない場合でも）相対的により好ましいと思う外国人労働者を選ぶ形をとった。選択型コンジョイントを採用することで，回答者の外国人労働者への全体的な態度を統制した上で，外国人労働者のどういった属性が回答者にとってより重要かを分析することが可能になる。各回答者は，提示された二人の架空の外国人労働者の中からより好ましいと思う方を一人選ぶという作業を5回行った（回答者に示される画面の例としては，表5を参照。回答者に示された属性については表6を参照）[4]。外国人労働者の属性は，回答者の意思決定に影響を及ぼすと考えられる，①性別（男女），②年齢，③日本語能力，④出身国，⑤本国での所得水準，⑥教育水準，⑦職業，⑧過去の日本滞在歴，⑨過去の日本企業とのかかわり，⑩価値観，の十属性を選択した。各属性は決まった値から構成されており，例えば，「年齢」属性は，20歳，30歳，40歳，50歳の4つの値からなる。2名の架空の外国人労働者について，各属性の値をランダムに提示したので（属性を提示する順番も回答者ごとにランダム化），回答者ごとにスクリーン上に映し出された架空の合計10人の外国人労働者は，それぞれ異なったプロファイルを有していたことになる[5]。

　従属変数は，選ばれた方の外国人労働者（Immigrant Preferred）が1，選ばれなかった方の外国人労働者が0の値をとる二値変数である。本分析の主な

表5：サーヴェイ回答者に示された画面の例　この2人の外国人労働者について，あなたはどちらの外国人を受け入れるのが望ましいと思いますか？

	外国人労働者1	外国人労働者2
性別	女性	女性
年齢	20歳	20歳
価値意識	実力主義	創造性
日本滞在歴	観光ビザで過去に何度も滞在	観光ビザで過去に何度も滞在
日本語能力	習得しようとしたが失敗	片言の日本語ならば話せる
出身国	フィリピン	ブラジル（非日系）
職業	農民	ホステス
本国での所得水準（年収）	100万円	300万円
学歴	中卒	高卒
日本企業とのかかわり	日本企業での職歴はないが，顧客として日本企業としてのかかわりが一度ある	日本企業での職歴はないが，顧客として日本企業としてのかかわりが一度ある

表6 コンジョイント分析において用いられた外国人労働者の属性

属性	値
日本での滞在歴	- 滞在歴なし - 観光ビザでの滞在歴が一度ある - 観光ビザでの滞在歴が何度もある - 留学ビザでの一年以上の滞在歴がある
出身国	- 中国 - 台湾 - 韓国 - フィリピン - ブラジル(非日系人) - ブラジル(日系人) - フランス - アメリカ - イラク
出身国での所得水準(年収)	- 100万円 - 300万円 - 600万円 - 900万円
年齢 (性別とセット)	- 20歳 - 30歳 - 40歳 - 50歳
受け入れの面接のときの日本語力 (滞在歴、価値観とセット)	- 流暢に日本語を話した - かたことの日本語を話した - 日本語をしゃべろうとはしたが、できなかった - 日本語が全くしゃべれなかった
職業	- 給仕、ウェイター* - 農業従事者* - 水産業従事者* - 建設業従事者* - 看護師* - 在宅介護サービス従事者* - 保育園の保母(保父)* - 小人デス(ポスト)* - 高校教師* - キリスト教宣教師 - 金融アナリスト+ - 科学者+ - 医者+ - 通訳 - コンピューター・プログラマー+
過去の日本企業との関わり (職業とセット)	- 日本企業での職歴がなく、顧客としても日本企業との関わりが一度もない - 日本企業での職歴はないが、顧客として日本企業との関わりが一度ある - 日本企業での職歴はないが、顧客として日本企業との関わりが何度もある - 日本企業での職歴がある

表6 コンジョイント分析において用いられた外国人労働者の属性(続き)

最終学歴	- 中学校(職業と restriction)
	- 高等学校(職業と restriction)
	- 大学
	- 大学院
性別	- 男性
	- 女性
申請者が大切にする文化的価値観	- 能力主義
	- 清潔さ
	- 独創性
	- 尊敬の心
	- 勤勉,努力,がんばる精神
	- 団結心,チームワーク

* 年収の上限は900万円となるよう設定。
+ 学歴は大卒あるいは大学院卒となるよう設定。

目的は,10属性のそれぞれの値の変化が,回答者が好ましい外国人労働者を選択する確率に与える標準限界構成効果(AMCE: Average Marginal Component Effect)を推定することである。先行研究にならい,本稿は上記の10属性を独立変数,("Immigrant Preferred")を従属変数として重回帰分析にかけることで,それぞれの属性の値の標準限界構成効果を推定した[6]。値の係数は,回答者が(各属性の基準値と比べて)その値を含む架空の外国人労働者を好ましいとして選択する確率の平均変化として解釈できる。また,それぞれの回答者の回答間の相関を考慮して,標準誤差を回答者でクラスター化した。

労働力不足をめぐるデータについては,厚生労働省『労働経済動向調査報告』に依拠した(厚生労働省2015)。

図2は,全体的な調査結果を示す。まず第一に,他の先進国と同様,日本でも,低技能の外国人労働者よりも,金融アナリストや科学者,医師,翻訳者やプログラマーといった高技能外国人労働者や,看護師や介護士といった社会的ニーズの高い分野の外国人労働者の受け入れが支持される傾向が強い(仮説1を支持)。業種別には,医師を受け入れることへの支持がもっとも高く,ホステスについてもっとも低かった。学歴としては,全体としては比較的高学歴の外国人労働者の受け入れが支持され,高卒以上の外国人労働者は中卒の外国人労働者よりも支持されたものの,高卒と大卒・院卒の移民労働者の間では統計的に有意な差はなかった。

回答者の態度の規定要因をさらに掘り下げるため,低所得国と高所得国出身移民に対する回答を比較した。低所得国の例としては中国,高所得国の例としては韓国を用いた。結果を示したのが図3である。韓国の高技能労働

図2 外国人労働者の属性と受け入れに対する支持

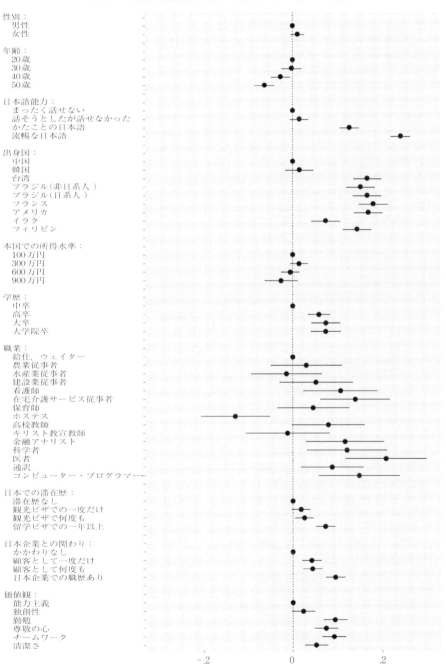

図3 低所得国(中国)

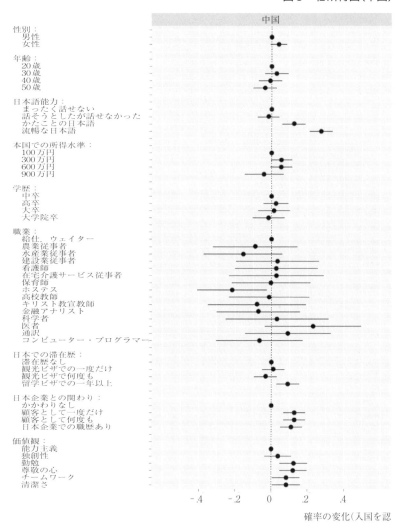

者の受け入れは支持される一方で，中国系移民の受け入れについては，職業にかかわらず，支持が弱い。この結果の解釈は難しいが，一つの解釈としては，これらの結果は，日本では，高技能労働者や社会的ニーズの高い分野での労働者の受け入れが支持される傾向があり，「ソシオトロピック」な態度は経済的脅威の弱い場合にのみ成立することを示唆する可能性がある。

さらに，本稿の仮説をより直接的に検証するため，図4と表7に示す分析

と高所得国(韓国)の比較

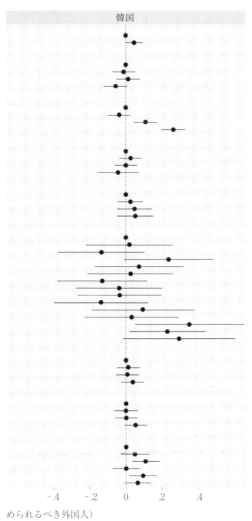

を行った。図4の示すように,回答者が外国人労働者と労働市場において直接競合しない場合,高技能回答者・低技能回答者ともに高技能の移民労働者の受け入れを支持する。技能水準は教育水準で測定しており,「高技能」は大卒以上,「低技能」は大卒未満の回答者として操作化した。また低技能回答者のうち,労働力不足が顕著な産業に従事する回答者は,移民労働者の受け入れに前向きである。この結果は,ソシオトロピックな態度とも整合的であるが,経済的利益からの説明とも整合的である。

次に表7では,産業毎の労働力の過不足が及ぼす影響についての分析結果を示す。まず労働力が不足している産業の例として,建設業を用いた。『労働経済動向調査報告』によると,本サーヴェイが実施されたころ,建設業界の42%の事業所が,常用労働者が不足していると回答しており,これは全産業の39%よりも高い水準であった(厚生労働省2015)。

表7に示すように,建設業に従事する回答者のうち,とくに高技能の回答者は,自らの産業で移民労働者が増加することに対して比較的好意的な態度を示し,これは5%水準で有意であった。また建設業界に従事する低技能の回答者も,同じ業界に外国人労働者が参入することに対してとくに好意的で

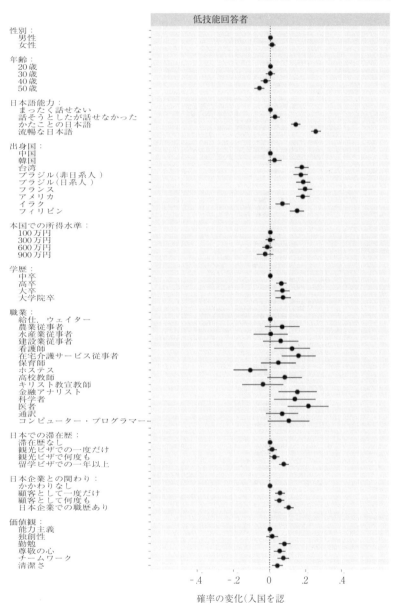

図4　回答者の技能水準が外国人

なかったものの，とくに否定的でもなかった。このことは，ソシオトロピックな観点からも説明可能であるが，当時の建設業界は労働力不足であり，移

労働者受け入れの積極性に及ぼす影響

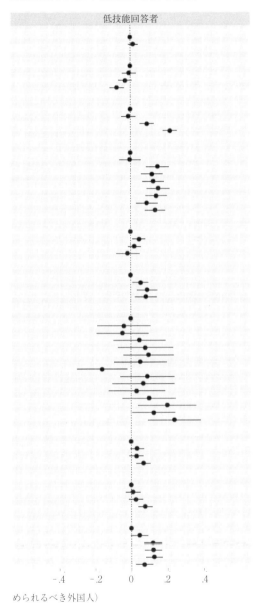

低技能回答者

(められるべき外国人)

民労働者が多少増加しても回答者が雇用・賃金の上で脅かされる可能性は低く、経済的自己利益からも説明可能である。

本来であれば、建設業に参入する予定の外国人労働者についても、高技能・低技能に分けて分析すべきところであるが、残念ながら分析のために十分なサンプル数が得られず、今後の課題となった。なお、表7には示さないが、労働力不足が深刻である飲食業の回答者(おそらくは低技能の回答者が多いものと思われる)やIT産業の回答者(おそらくは高技能の回答者が多い)についても、外国人労働者の受け入れについて、とくに強く賛成も反対もしていないとの結果が得られた[7]。

逆に労働力不足が比較的軽微な産業、たとえば金融業界ではどうだろうか。上記『労働経済動向調査報告』によれば、金融・保険業事業所の28%が常用労働者が不足していると回答しており、この時期に調査対象となった産業の中でもっとも低く、また全産業の39%よりも顕著に低い(厚生労働省2015)。このような産業では、外国人労働者の増加が雇用や賃金を脅かすため、経済的利害に基

表7　回答者の従事産業と同じ産業に外国人労働者が参入することへの態度
（従属変数：入国を認められるべき外国人）

	回答者の従事産業				
	建設業 （高技能）	建設業 （低技能）	金融業 （高技能）	金融業 （低技能）	失業者
外国人労働者が従事する予定の産業：建設業	0.904** (0.365)				
建設業		0.527 (0.406)			
金融業			-0.612 (0.829)		
金融業				0.100 (0.919)	
高技能産業					-0.506 (0.344)
低技能産業					-0.845** (0.362)
N	3,180	7,060	3,180	7,060	1,360

数値は標準限界構成効果（AMCE: Average Marginal Component Effect）．カッコ内は標準誤差．
***p ≦ 0.01, **p ≦ 0.05, *p ≦ 0.1.

づく説明と，ソシオトロピックな態度に基づく説明の説得力を検証することが可能である。表7の示すように，金融業では，高技能労働者・低技能労働者ともに同じ業界に外国人労働者が参入することについて必ずしも否定的ではなかった。調査では，金融業に参入する予定の外国人が「金融アナリスト」となる予定であることから高技能労働者であり，労働力余剰の状態にあっても「ネイティヴ」の高技能労働者と競合する可能性が低いことが関わっているのかもしれない。

　本来ならば，金融業などの労働力余剰の状態にある産業に参入予定の低技能労働者について分析すべきところであるが，残念ながら，調査の設計上，これは可能でなかった。今後の課題としたい。

　他方，失業者はとりわけ低技能の外国人労働者の受け入れに否定的であり，これは5%水準で統計的に有意である[8]。とりわけこの点は，「ソシオトロピック」な態度が，自己利益と矛盾しない場合にのみ顕在化する可能性を示す。失業者は高技能の外国人労働者の受け入れには否定的ではなく，この点も本稿のこれまでの議論と整合的である。

　本節の分析結果をまとめたのが表8である。

　なお，サーヴェイでは，ほぼすべての回答者が低技能移民の受け入れに消極的であるものの，これが税負担の増大(生活保護財政の圧迫)に対する懸念に根ざしているという証左は得られなかった(仮説2を不支持)。実際，比較

表8　分析結果のまとめ

シナリオ1：移民労働者が回答者と異なる産業に従事する場合

	競争の度合い	ソシオトロピックな態度	移民受け入れへの態度
高技能回答者	低	存在する可能性	高技能移民労働者受け入れを支持
低技能回答者	低	存在する可能性	高技能労働者・社会的ニーズの高い分野での移民労働者受入を支持

シナリオ2：移民労働者と回答者が同じ産業に従事するが、労働力が不足している場合

	競争の度合い	ソシオトロピックな態度	移民受け入れへの態度
高技能回答者	低	存在する可能性	建設業：外国人労働者受け入れに好意的
低技能回答者	低	存在する可能性	建設業：強い支持も不支持もない

シナリオ3：移民労働者と回答者が同じ産業に従事するが、労働力不足が低い場合

	競争の度合い	ソシオトロピックな態度	移民受け入れへの態度
高技能回答者	低	存在する可能性	金融業：外国人労働者受け入れに強い支持も不支持もない
低技能回答者	高	存在する可能性	金融業：外国人労働者受け入れに強い支持も不支持もない
失業者	高	存在する可能性	低技能移民労働者の受け入れに否定的

的高所得の回答者もそれ以外の回答者も，ほぼ同程度に消極的であった。なお図表には示していないが，所得の再分配に消極的な回答者は，医師を除き，移民の業種にかかわらず，受け入れに消極的であった一方で，所得再分配に積極的な回答者は，高技能労働者や社会的ニーズの高い分野での移民受け入れにより積極的であった。

中国・韓国出身の移民受け入れに対して支持が低い（仮説3を支持）のは，中国・韓国に対する感情が悪化している近年の世論傾向を反映したものと理解できる（飯田・河野・境家2012）。他方，中東については，本調査実施の直前にイスラム国による日本人誘拐の報道が続いたものの，イラク人労働者受け入れに対する反対は弱い。イラクからの労働者とテロの問題とは区別して捉えられているようである。

6．結論

本稿の貢献は大きく二つである。まず実証面では，日本では，移民に対す

る世論は他の先進諸国のそれと大きく異なるものではないことを示した。他の先進諸国同様，日本では，低学歴・低技能の移民よりも，高学歴・高技能の移民の受け入れが支持されるという，「ソシオトロピック」な傾向が見られる。しかし多くの回答者は移民を受け入れても，経済的に損失を受ける可能性は低いため，高学歴・高技能移民受け入れへの支持は，経済的自己利益から説明することも可能である。そこで本研究では，低学歴・低技能の移民受け入れにもっとも脅かされると思われる，低学歴・低技能の回答者，中でも労働力不足の軽微な産業の回答者や失業者に注目して分析を行ったところ，とりわけ失業者の間では，たしかに低学歴・低技能の移民受け入れへの警戒感が比較的強いことが確認された。

　第二の貢献は理論面のものであり，本稿は，多くの場合，利益に根ざす説明と「ソシオトロピック」な説明が必ずしも矛盾するものではないことを示した。多くの回答者にとって，自己利益と社会的な説明は整合的である。しかも本稿の分析は，世論が「ソシオトロピック」であるのは，あくまで自らの経済的利益が脅かされない場合に限ることを示す。今後の研究も，どのような状況下において利益に基づく説明と「ソシオトロピック」な説明を解きほぐすことが可能になるのか，慎重に検討しながら分析すべきである。

　むろん本稿の分析にも限界は少なくない。もっとも大きな限界は，金融など，労働力に余剰のある産業に従事する回答者が，「高技能」外国人労働者が参入する場合にどう評価するかは検証したものの，「低技能」外国人労働者が参入してくることについてどのように考えるのかについて，検証することができなかったことであろう。これはサーヴェイ設計の問題であり，今後の課題としたい。

　関連して，本稿では主として建設業と金融業を例に労働力不足の産業・労働力余剰の産業の比較を行ったが，今後はさらに多くの産業の比較が必要である。

　また本稿で用いられたサーヴェイ調査が実施された時期の日本の労働市場は全般的に人手不足であり，労働力不足の産業・過剰の産業といっても，さほど大きな差がみられたわけではない。もう少し大きな差がある時期に調査を行えば，違う分析結果が得られる可能性もある。

　技能水準の測定についてもさらなる精緻化の余地がある。本稿では「高技能」「低技能」労働者の技能水準の測定については，教育水準や，産業全体の技能水準で代替して分析を行った。しかし教育水準は必ずしも技能水準に比例するものではなく，また同じ産業の中でも高技能労働者・低技能労働者

を両方抱えることが普通であり，「技能」をより精緻な形で操作化することも今後の課題である。

謝辞　本稿の執筆に際し，Govinda Layton, Rafaela Dancygier, Shana Gadarian, 堀内勇作，河野勝，David Laitin, Margaret Levi, Kenneth McElwain, Gregory Noble, Margaret Peters, Spencer Piston, Ken Scheve, Peter Schott, 山本鉄平，矢内勇生，シラキュース大学Moynihan Research Workshopの参加者，2015年神戸大学Satsuki Workshop, 2015年7月早稲田大学基盤S「熟議の政治経済学」（研究代表者：田中愛治）ワークショップ参加者の方々から有益なコメントを得た。記して感謝したい。本稿の調査はシラキュース大学倫理委員会の審査・許可を得て実施されたものである（IRB#: 14-180）。

（1）　この調査は2005-09年にかけて行われたものであるが，リーマン・ショック後は移民受入の制限に対する支持はさらに高まったものと思われる。残念ながら世界価値観調査の2010-14年調査ではこの設問は含まれなかった。

（2）　「ソシオトロピック（社会志向）」という概念はもともと社会心理学分野で提唱されたものであり，政治学分野においてこの概念をいち早く取り入れたのは，ドナルド・キンダーとロドニー・キーウィットの1981年論文である。二人は有権者が個人的な経済状況ではなく，経済全体の状況に基づいて投票する現象を「ソシオトロピック投票（sociotropic voting）」として概念化した（Kinder and Kiewiet 1981）。

（3）　この想定は，低技能ネイティヴは低技能移民との競争を受け，高技能ネイティヴは高技能移民との競争を受けるとする，Hainmueller and Hopkins (2015)の想定と異なる。

（4）　架空の外国人労働者が提示される前に，以下の文章を回答者に読んでもらった。「日本における外国人労働者について，架空の設定にもとづき質問いたします。あなたは入国管理官として外国人労働者の受け入れを決める立場にあると仮定してください。いま，日本での就労を希望する2人の外国人労働者がいます。これから，2人の外国人労働者についての架空の情報をお見せしますので，どちらの外国人労働者が好ましいかお答えください（全部で5組の外国人労働者について選んでいただきます）。日本は現在のところ限られた数の外国人労働者しか受け入れていませんが，近い将来，外国人労働者の数が増えることが予想されます。判断が難しい場合もあると思いますが，その場合でもどちらか好ましい外国人労働者をお選びください。以下の2人の外国人労働者の情報を良く読んでから質問にお答え下さい。」この画面を提示した後，2人の架空の外国人労働者を提示し，「この2人の外国人労働者について，あなたはどちらの外国人を受け入れるのが望ましいと思いますか？」という問いに回答してもらった。

（5） Hainmueller and Hopkins（2015）にならい，本研究では現実的ではない架空の外国人労働者を提示することを防ぐために値のランダム化に以下の二つの条件をつけた。第一に，「職業」と「教育水準」について，高度熟練労働者(金融アナリスト，科学者，医者，プログラマー)は必ず大学卒業者あるいは大学院卒業者となるように設定した。第二に，単純労働者(ウエイター，農業従事者，漁業労働者，看護師，在宅介護士，保育士，ホステス，高校教師)については，収入が900万円以上とならないように設定した。

（6） 属性がある一定の制約の下でランダムに提示されている場合は，条件付きに提示された変数同士の交互作用項を加えて重回帰分析にかけることで標準限界構成効果を推計することができる。

（7） 飲食業に従事する回答者の飲食業に就業予定の外国人労働者についての標準限界構成効果は0.136（標準誤差＝0.300），IT産業に従事する回答者のIT産業に就業予定の外国人労働者については同じく0.114（標準誤差＝0.449）。

（8） 失業者の分析には，回答者のうち「無職」であり，かつ65歳未満の者を用いた。また，表中の「高技能産業」変数として「金融アナリスト」，「科学者」，「コンピューター・プログラマー」を，「低技能産業」変数には「給仕，ウェイター」，「農業従事者」，「水産業従事者」及び「建設業従事者」を用いた。

参考文献

Allport, Gordon W. 1954. *The Nature of Prejudice*. Cambridge, MA: Addison-Wesley.

Aoki, Masahiko. 1988. *Information, Incentives and Bargaining in the Japanese Economy*. New York: Cambridge University Press.

Ballard-Rosa, Cameron, Lucy Martin, and Kenneth Scheve. 2017. "The Structure of American Income Tax Policy Preferences." *The Journal of Politics* 79 (1): 1-16.

Burns, Peter, and James G. Gimpel. 2000. "Economic Insecurity, Prejudicial Stereotypes, and Public Opinion on Immigration Policy." *Political Science Quarterly* 115 (2): 201-225.

Card, David. 2001. "Immigrant Inflows, Native Outflows, and the Local Labor Market Impacts of Higher Immigration." *Journal of Labor Economics* 19 (1): 22-64.

Card, David. 2005. "Is the New Immigration Really so Bad?" *The Economic Journal* 115 (507): 300-323.

Card, David. 2009. "Immigration and Inequality." *American Economic Review* 99 (2):1-21.

Card, David, Christian Dustmann and Ian Preston. 2012. "Immigration, Wages, and Compositional Amenities." *Journal of the European Economic Association* 10 (1):78-119.

Chandler, Charles R. and Yung mei Tsai. 2001. "Social Factor Influencing Immigration Attitudes: An Analysis of Data From the General Social Survey." *Social Science Journal* 38 (2):177-188.

Citrin, Jack, Donald P. Green, Christopher Muste and Cara Wong. 1997. "Public Opinion toward Immigration Reform: The Role of Economic Motivations." *Journal of Politics* 59 (3):858-881.

Dancygier, Rafaela M. and Michael J. Donnelly. 2013. "Sectoral Economies, Economic Contexts, and Attitudes toward Immigration." *Journal of Politics* 75 (1):17-35.

Dancygier, Rafaela M. and Stefanie Walter. 2015. Globalization, Labor Market Risks, and Class Cleavages. In *The Politics of Advanced Capitalism*, ed. Pablo Beramendi, Silja Häusermann, Herbert Kitschelt and Hanspeter Kriesi. Cambridge: Cambridge University Press.

Fetzer, Joel S. 2000. "Economic Self-interest or Cultural marginality? Anti-immigration sentiment and Nativist Political Movements in France, Germany and the USA." *Journal of Ethnic and Migration Studies* 26 (1):5-23.

Franchino, Fabio, and Francesco Zucchini. 2015. "Voting in a Multi-Dimensional Space: A Conjoint Analysis Employing Valence and Ideology Attributes of Candidates." *Political Science Research and Methods* 3 (2): 221-241.

Goldstein, Judith L. and Margaret E. Peters. 2014. "Nativism or Economic Threat: Attitudes Toward Immigrants During the Great Recession." *International Interaction* 40 (3):376-401.

Hainmueller, Jens and Daniel J. Hopkins. 2014. "Public Attitudes Toward Immigration." *Annual Review of Political Science* 17:225-249.

Hainmueller, Jens, and Daniel J. Hopkins. 2015. "The Hidden American Immigration Consensus: A Conjoint Analysis of Attitudes toward Immigrants." *American Journal of Political Science* 59 (3): 529-548.

Hainmueller, Jens, Daniel J. Hopkins and Teppei Yamamoto. 2014. "Causal Inference in Conjoint Analysis: Understanding Multidimensional Choices via Stated Preference Experiments." *Political Analysis* 22 (1):1-30.

Hainmueller, Jens and Michael J. Hiscox. 2010. "Attitude towards Highly Skilled and Low Skilled Immigration: Evidence from a Survey Experiment." *American Political Science Review* 104 (1):61-84.

Hamaaki, Junya, Masahiro Hori, Saeko Maeda, and Keiko Murata. 2010. "Is the Japanese Employment System Degenerating? Evidence from the Basic Survey on Wage Structure." ESRI Discussion Paper Series No. 232.

Hanson, Gordon H., Kenneth F. Scheve and Matthew J. Slaughter. 2006. "Public Finance and Individual Preferences over Globalization Strategies." *Economics & Politics* 19 (1):1-33.

Hopkins, Daniel P. 2010. "Politicized Places: ExplainingWhere and When Immigrants Provoke Local Opposition." *American Political Science Review* 104 (1): 40-60.

Hopkins, Daniel P. 2011. "National Debates, Local Responses: The Origins of Local Concern about Immigration in Britain and the United States." *British Journal of Political Science* 41 (3):499-524.

Hopkins, Daniel J. 2015. "The Upside of Accents: Language, Inter-Group Difference, and Attitudes toward Immigration." *British Journal of Political Science* 45 (3): 531-557.

Horiuchi, Yusaku, Daniel Smith and Teppei Yamamoto. 2015. "Identifying Multidimensional Policy Preferences in Representative Democracies: A Conjoint Field Experiment in Japan." Presented at the 2015 Midwest Political Science Association Annual Conference.

飯田敬輔・河野勝・境家史郎(2012)「連続世論調査で追う 竹島・尖閣：政府の対応を国民はどう評価しているか」『中央公論』127巻16号：138-145。

今田幸子・平田周一(1995)『ホワイトカラーの昇進構造』日本労働研究機構。

Iyengar, Shanto, Simon Jackman, Solomon Messing, Nicholas Valentino, Toril Aalberg, Raymond Duch, Kyu S. Hahn, Stuart Soroka, Allison Harell and Tetsuro Kobayashi. 2013. "Do Attitudes about Immigration Predict Willingness to Admit Individual Immigrants? A Cross-National Test of the Person-Positivity Bias." *Public Opinion Quarterly* 77 (3):641-665.

Kagono, Tadao and Takao Kobayashi. 1994. The Provision of Resources and Barriers to Exit. In *Business Enterprise in Japan*, ed. Kenichi Imai and Ryutaro Komiya. Cambridge: MIT Press.

Kam, Cindy D. and Donald R. Kinder. 2007. "Terror and Ethnocentrism: Foundations of American Support for the War on Terrorism." *Journal of Politics* 69 (2):320-338.

Key, Valdimer Orlando. 1949. *Southern Politics in State and Nation*. New York: Alfred A. Knopf.

Kinder, Donald R. and Cindy D. Kam. 2009. *Us against Them: Ethnocentric Foundations of American Opinion*. Chicago: University of Chicago Press.

Kinder, Donald R. and D. Roderick Kiewiet. 1981. "Sociotropic Politics: The American Case." *British Journal of Political Science* 11 (2):129-161.

Koike, Kazuo. 1983. Internal Labor Markets: Workers in Large Firms. In *Contemporary Industrial Relations in Japan*, ed. Taishiro Shirai. Madison: University of Wisconsin Press.

小池和男(1991)『仕事の経済学』東洋経済新報社。

Koshiro, Kazutoshi. 1983. The Quality of Working Life in Japanese Factories. In *Contemporary Industrial Relations in Japan*, ed. Taishiro Shirai. Madison: University of Wisconsin Press.

Malhotra, Neil, Yotam Margalit and Cecilia Hyunjung Mo. 2013. "Economic Explanations for Opposition to Immigration: Distinguishing between Prevalence and Conditional Impact." *American Journal of Political Science* 57 (2):391-410.

Mayda, Anna Marie. 2006. "Who Is Against Immigration? A Cross-Country Investigation of Individual Attitudes toward Immigrants." *Review of Economics and Statistics* 88 (3):510-513.

厚生労働省(2015)『労働経済動向調査報告』厚生労働省大臣官房統計情報部雇用・賃金福祉統計課。

Money, Jeannette. 1997. "No Vacancy: The Political Geography of Immigration Control in Advanced, Market Economy Countries." *International Organization* 51 (4): 685-720.

Money, Jeannette. 1999. *Fences and Neighbors: The Political Geography of Immigration Control*. Ithaca: Cornell University Press.

Moriguchi, Chiaki and Hiroshi Ono. 2006. Japanese Lifetime Employment: A Century's Perspective. In *Institutional Change in Japan*, ed. Magnus Blomström and Sumner La Croix. Routledge.

Ottaviano, Gianmarco I. P. and Giovanni Peri. 2012. "Rethinking the Effect of Immigration on Wage." *Journal of the European Economic Association* 10 (1):152-197.

Pempel, T. J. and Keiichi Tsunekawa. 1979. Corporatism Without Labor? The Japanese Anomaly. In *Trends Toward Corporatist Intermediation*, ed. Phillippe C. Schmitter and Gerhard Lehmbruch. Beverly Hills/London: Sage Publications.

Peri, Giovanni. 2012. "The Effect of Immigration on Productivity: Evidence from U.S. States." *Review of Economics and Statistics* 94 (1):348-358.

Peri, Giovanni. 2014. "Do Immigrant Workers Depress the Wages of Native Workers." IZA World of Labor.

Pew Research Center. 2014. "A Fragile Rebound for EU Image on Eve of European Parliament Elections." Available at http://www.pewglobal.org/2014/05/12/chapter-3-most-support-limiting-immigration/, accessed June 1, 2015.

Sides, John and Jack Citrin. 2007. "European Opinion About Immigration: The Role of Identities, Interests and Information." *British Journal of Political Science* 37 (3):477-504.

Sniderman, Paul M., Louk Hagendoorn and Markus Prior. 2004. "Predisposing Factors and Situational Triggers: Exclusionary Reactions to Immigrant Minorities." *American Political Science Review* 98 (1):35-49.

宋 財法・善教 将大「コンジョイント実験の方法論的検討」『法と政治』67巻2号, pp. 67-108。

Tingley, Dustin. 2013. "Public Finance and Immigration Preferences: A Lost Connection?" *Polity* 45 (1):4-33.

Valentino, Nicholas A., Ted Brader and Ashley E. Jardina. 2013. "Immigration Opposition Among U.S. Whites: General Ethnocentrism or Media Priming of Attitudes About Latinos?" *Political Psychology* 34 (2):149-166.

Weiss, Jessica Chen. 2014. *Powerful Patriots: Nationalist Protest in China's Foreign Relations*. Oxford: Oxford University Press.

■特集　排外主義の比較政治学

ヘイトが違法になるとき

―ヘイトスピーチ解消法制定をめぐる政治過程―

樋口直人

> 本稿では，ヘイトスピーチ解消法の制定を政策過程論から分析することで，排外主義をめぐる政治的対応の「成功」要因を解明する。議題設定から野党案の提出までの段階では，民主党による争点所有と排外主義への対抗運動が大きな意味を持った。与党案の提出に至る過程では，問題と政治，政治と政策の流れを民主党と公明党が束ねることで，自民党も法制定やむなしと方針を転換した。他方でこれは，自民党の規範水準に他党が合わせることでもあり，課題を先送りする結果をももたらしたことになる。

1．「安倍一強」下での反差別法制定――規範カスケードの発生？

　2016年5月24日，ヘイトスピーチ解消法が衆議院で可決され成立した。日本政治の右傾化が喧伝されるさなかに，反人種差別を打ち出した初めての法律が制定されたわけである。この問題に取り組んできた野党議員は，東京五輪（2020年）までの法制化を目指していたというが[1]，それより大分前に制定されたことになる。この法律は，自民・公明が提出した議員立法によっており，社民党と日本のこころ以外は賛成という全会一致に近い形で成立した。

　連立与党のうち公明党はともかく，自民党は法制定に決して積極的ではなかった。後述するように，自民党は対応を棚上げにして争点関心サイクル（Downs 1972）のピークが過ぎるのを待っているようにすらみえた。それゆえに，野党は2020年という目標を設定したわけだが，ヘイトスピーチという言葉が国会の場に登場してから3年で法制化が実現したことになる。人種差別関連の法制化に対しては，関係省庁も自民党も基本的に否定的な態度をとり続けてきた。その意味で，異例のスピード制定だったといってよい。

　ヘイトスピーチ解消法は，なぜこれほど短期間で制定されたのか。人権関連法であること，急速にほぼ全会一致の合意に達したことに鑑みれば，法規制に向けた規範カスケードが発生したようにみえる（Finnemore and Sikkink

1998)。2016年7月の参議院議員選挙を控えるなかで、民進党は自民党がヘイト対策に不熱心なことを攻撃材料にしようとしていた[2]。この件に関して自民党は、対策を推進しないが否定もしない受動的な立場にあり、それゆえに野党が機先を制して自民党も規範を受容せざるを得なかった、と。

反差別法であることに鑑みれば、規範に着目するのは有力なアプローチだし、実際に規範は法制化をめぐる政治過程で重要な意味を持った。しかし、それは法制化の促進要因というよりは、むしろ拘束要因になっている。では、現実の政治過程は何によって説明できるのか。この問いを分解していうならば、法制化の阻害要因となったのは何か、それを乗り越えるに際して各段階で各行為者はどのような役割を果たしたのか。それにより、ヘイトスピーチに対する規範はどのように変化したのか。本稿では、政策過程を詳細にみることを通じてこれらの問いに答え、ヘイトスピーチ解消法の意味を考察していきたい。

2. 分析枠組み

2.1 「政策の窓」モデルの拡張

政策過程論における「政策の窓」モデルの核となる問いは、「政府の内外にいる人は、なぜ特定の時期に他でもないある事柄に関心を持つのか」(Kingdon 1995: 1)であった。Kingdonは、政府を「組織化された無秩序」とみなすCohenらの議論を出発点にしつつ、それよりは秩序だっているが、問題、政策、政治の流れがおおむね独立している政府を想定する(Kingdon 1995: 86-7)。そうした政府で特定のことが議題になるには、問題(公式非公式な問題状況の発生を認知)、政治的条件の変化、可視的な行為主体による問題提起といったきっかけが必要だという。こうして議題に上がると、具体的な政策を立案する過程で選択肢が狭められていく。この段階では、法的整合性や予算の確保、立法技術といった面での専門知識を持つ官僚や専門家が関わるようになる。

問題、政策、政治はそれ自体の論理で流れを形作るが[3]、三者が合流する時がある。切迫した問題が注意を促し、問題の解決のために政策が提案される。あるいは、政権交代のように政治の流れが変化した際には、それに合致した政策が前面に出る(Kingdon 1995: 201)。政策の窓とは、政策の提唱者が解決策を推進する、あるいは問題に対する関心を後押しする機会を指しており(Kingdon 1995: 165)、三者が合流して窓が開く短い期間をとらえて政策は

実現するという。こうした設定は，2013年に新語・流行語大賞トップテン入りした「ヘイトスピーチ」という言葉を冠した法制定を考えるうえで，示唆するところが多い。

しかし，本稿の関心に即していえば，以下の3点についてKingdonの枠組みを拡張する必要がある。第1に，彼は政策形成に結びつく議題設定から議論を始めており，これは政府並びに政府と密接に連携する行為者が関心を持つことを前提としている(Kingdon 1995: 3)。しかし，政策課題になる前の段階で社会問題化することは珍しくなく，社会問題から政治問題になる過程の分析も必要となろう。

第2に，Kingdonの主たる関心は議題設定の局面にあり，それ以降の過程の分析は手薄である。これは，手薄だった議題設定の研究をKingdonが志した結果だが，本稿の課題に即して立法過程の考察を補強する必要がある。ここでは，政策的選択肢が示されてからの動きについて，より細かな区分を設けることで対応したい。

第3に，彼の分析は米国の事例に基づいており，他の国の分析に機械的に適用すると見落しが生じてしまう。特に，議院内閣制をとる国では政党の役割が重要になるため，米国を前提とした政策過程論は，欧州への適用に際して政党を加味した形へと修正されてきた(Carter and Jacobs 2014; Walgrave and Varone 2008)。こうした枠組みは，野党案であれ与党案であれ議員立法によるヘイトスピーチ解消法に際して適合度が高い。

以上の3点を踏まえたうえで，表1のように政策過程の段階を設定した。詳細は後述するが，ヘイトスピーチという用語が定着する4年前から，在日特権を許さない市民の会(在特会)の存在は社会問題とみなされてきた。それがどのように政治化され，さらに政策課題になって法制定に至ったのか。立法過程論の知見を取り入れつつ，法制定に至る過程を3つに区分してある。

表1　ヘイトスピーチ解消法をめぐる政策過程

類型		例
社会問題化		社会問題としての報道，問題に取り組む社会運動の形成
政治化	議題設定	議会での質問事項として登場
政策化	法案化	法案を提出
	審議	法案の実質審議入り，代替案の提示
	法制定	問題に対応する法律の成立

出典：Burstein, Einwohner and Hollander 1995: 284 表 ; Burstein, Bricher and Einwohner 1995; King, Bentele and Soule 2007; Kingdon 1995; をもとに作成

2.2 社会問題化・政治化・政策化
2.2.1 社会問題化

構築主義では，ある状態に対するクレイム申し立てを社会問題とみなすが，これは相互に関心をめぐって競い合う性質を持つ(Hilgartner and Bosk 1988)。社会問題は，他の問題との関係で存在するのであり，その形成・普及は制度化されたシステムに強く規定されている。Hilgartner and Bosk (1988) によれば世論の関心は希少資源であり，社会問題は公論の土俵 (public arena) において関心を得るべく競合する。その際，国家内部の行為主体が行動する方が報道する価値があると認められがちで，国家の外部にある社会運動が報道のきっかけを作ることは少ない (Best 1990: 96, 198)。

本稿の課題に即していえば，関心を求めて競合するのは反排外主義を掲げる者だけでなく，在特会も同様の立場にあった[4]。拡大期にあった2010年までの在特会は，悪名は無名に勝るとばかりに行動を過激化させていったし，それが結果的に公論の土俵におけるシェアを高めたのは間違いない。もっとも，特定の争点が関心を集めたとしても長期的に持続するわけではなく，盛衰のサイクルを免れることはできない (Hilgartner and Bosk 1988)。関心が維持されているうちに議題として拾い上げられて初めて，社会問題は政治化する。

2.2.2 議題設定

社会問題化と議題設定の違いは，後者が政治的に解決されるべき問題として政府内部か政府に近い行為主体が取り上げるもののみを指すことにある。Kingdon (1995) は，議題設定を促す要因として問題と政治を挙げていた。米国では，社会運動がヘイトクライム問題を構築して政治にも大きな影響を及ぼしており，社会問題化から議題設定まで担った (Jennes 2007)。しかし，そうした政治の変化によって議題に上がる争点は例外の部類に入る。人目を引く事件 (focusing event) は政策形成を促す要因であるが (Birkland 1998)，これとて政策形成のなかでは例外だからこそ目立つのだといえる。

実際には，日々の議題はそれほどドラマチックなものではなく，多様な政策企業家が問題を認知し取り上げることで設定されていく。ここでいう政策企業家とは政策変更を起こそうとする行為主体を指すが (Mintrom 1997)，1つの争点についても複数存在するような集合的な性質を持つとみたほうがよい (Herweg et al. 2015; Roberts and King 1991)。その位置するところも政府

の内外にまたがっており，アウトサイダーの成否はメディアでの取り上げられ方によって決まる[5]。インサイダーは政府とのつながりに依存しており(Best 1990)，議題設定よりも政策の絞り込みに際して果たす役割が大きい(Kingdon 1995: 68-9)。

2.2.3 政策化——政党を中心に

社会問題化から議題設定に至るまでは，政府の外部にある行為主体が影響力を持つ余地がかなりあった。しかし，議題設定されてから政策に至る過程では，政府内部の相対的自立性が高くなる。これは，議会の課題となってから法制定に至るまでには，政府内の制度のような世論とは異なる要因が作用するからである。ヘイトスピーチ解消法の場合，野党提出の議員立法が端緒となって法制定されたため，行政よりも政党の役割が重要で，かつ野党提出であることから成立への障壁が高い。そのため法案提出，審議，法制定という3つの下位区分を設けた。

政策企業家は，問題の所在を明らかにして議員が法案を出すよう促すことはできるが，その後の影響力は相対的に低下する。立法過程を進むにつれて規準は厳しくなり(Soule and King 2006)，政党ないし政党間関係が帰趨を決めるようになるからである。こうした過程をみるうえで，政党における支持者代表の論理と政党間競合の論理を区別すること(Kitschelt 1989)が必要になる。政党が支持者代表の論理だけで動くならば，政党への支持者の働きかけが意味を持つが，政策過程が進むにつれて政党間競合の論理が重要性を増してくる。野党提出の法案が与党提出の対案に取って代わられ成立した経緯からすれば，国会運営に加えて政党間の関係という変数を考慮することが不可欠だからである。

政党間競合のうちヘイトスピーチ解消法に関連するものとして，争点競合(issue competition)をめぐる研究を挙げておきたい。争点競合とは，政党が同一争点をめぐって異なる立場を戦わせるよりは，自らに有利な争点をアピールして競合することを指す(Green-Pedersen and Mortensen 2010: 258; Odmalm 2011)。そこでいう有利な争点については争点所有権(issue ownership)の研究があり，主に選挙キャンペーンに適用されてきたが(Petrocik et al. 2004)，特定の争点に関する政策論争にも適用できる(Jerit 2008: 4)。政党は，自らが得意とする争点を議題にのせようとするが(Green-Pedersen and Krogstrup 2008; Green-Pedersen and Mortensen 2010)，敵対する政党はそれにどう対応するのか。

まず，できる限り競合の土俵にのらないことが考えられる。政治家は，自

らにとって有利な争点を集中的に扱う傾向がある(Petrocik 1996)。他党が所有する問題に関わってしまうと，相手の議題に多くの時間を割いてしまって自らに不利に働く(Jerit 2008)。こうした議論は，争点の棲み分けによる競合を前提としているが，政党によっては敵側が無視したい争点を議論の土俵にのせることに成功する場合もある(Green-Pedersen and Mortensen 2010)。その場合，イデオロギーが相対的に近い政党同士であれば，相手の政策を模倣することで争点を消すような戦略もあるだろう(Vliegenthart, Walgrave and Meppelink 2010)。

3．データについて

　法制定に至る過程では多くの行為者が関わっており，もっとも関わりが深い者ですら全体像を把握していなかった。また，各段階で世論，議会，司法，行政，圧力団体は異なる役割を果たしており，複数のデータを組み合わせる必要がある。それゆえ本稿では，以下のデータを用いつつ政策過程を描述し，問いに答えていく。

(1) 関係者への聞き取り：2016年3月から2017年11月にかけて，国会議員に対して6件，政策過程に関わった団体に対して4件の聞き取りを行った。これは，議題設定や政策化を進めた政党の動きと論理を明らかにするためのものである。

(2) 国会でのヘイトスピーチ関連質疑に関するデータ：国会議事録から「ヘイトスピーチ」で検索してヒットした発言をもとに，政党別の質問回数を計数した。

(3) 朝日－東大調査データ：東大谷口研・朝日政治家調査では，2014年衆議院議員選挙に際してヘイトスピーチの法規制の是非について質問項目を設けている。外国人参政権と外国人労働者の受け入れに対する回答と併せて，ヘイトスピーチに対する政治家の態度を示すことができる。

(4) 朝日・読売新聞記事データ：2012年1月〜2016年6月発行分から，「ヘイトスピーチ」で検索してヒットした記事を収集し，記事件数や記事中で他のキーワードが使用される頻度を計数した。朝日と読売を選んだのは，同時期の記事総数がそれぞれ840，212件と対照的で，論調もそれぞれ民主党と自民党にきわめて近いことから，公論の土俵をみるための指標として優れていることによる。

(5) 朝日新聞記事を用いたイベント分析：(4)のうち朝日新聞記事については，記事中に登場する行為者を計数した。これは，政策過程において争

点関心を得た行為主体を示す。
(6) 検索件数の推移に関するGoogle trendの結果：争点関心を示す素材の1つとして，Google trendで「ヘイトスピーチ」と「在特会」の検索件数の推移を計数した。集計結果は検索の件数ではなく相対的な波を示すが，一般的な関心の度合いをみる指標にはなるだろう。

4．社会問題化から法制定へ

4.1　社会問題化から議題設定へ，2009 ～ 2013.4

　在特会が設立集会を開いたのは2007年1月だが，2009年4月に埼玉県蕨市でフィリピン人一家に対する嫌がらせデモをしたことで知名度が高まった。図1は，Googleで「在特会」と「ヘイトスピーチ」が検索された頻度の推移を示す。確かに在特会の頻度は2009年から上がっており，それに4年遅れてヘイトスピーチという用語に対する関心が高まったことになる。これはある意味では奇異に映る。蕨市のデモに対して，「ヘイトスピーチに反対する会」を名乗る市民団体が抗議しており，抗議側は逮捕者まで出した。つまり，初期の頃から在特会はヘイトスピーチと結びつけられていたからである。図2をみると，2009年の嫌がらせデモから1年遅れるものの，2010年にはメディアから一定の注目を集めるようになった。これは，京都朝鮮第一初級学校や徳島県教職員組合の襲撃事件により，在特会から逮捕者を出したことによる。この時点でもヘイトスピーチという言葉は公論の土俵に現れて

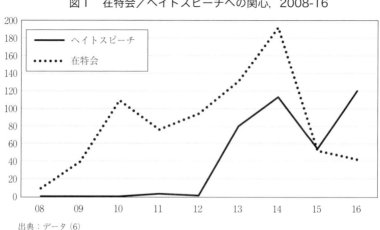

図1　在特会／ヘイトスピーチへの関心，2008-16

出典：データ (6)

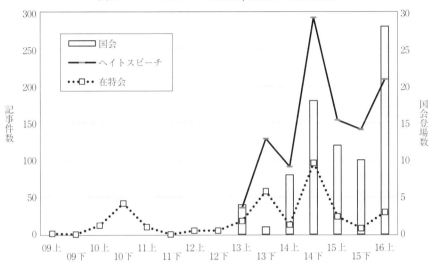

図2 ヘイトスピーチの国会/新聞での登場回数

いない一方で、後に在特会への対抗行動(カウンター)を組織するような行為者の間では浸透していた[6]。

それが2013年以降になると、新聞紙上ではヘイトスピーチの登場回数が在特会を一貫して上回るようになるが、これは何によるもので何がもたらされたのか。在特会はすでに社会問題化されていたが、それがヘイトスピーチと結びつけられて報道されるようになるきっかけは、同年2月9日に新宿区新大久保地区で行われたデモである。このデモの様子を中継したツイッターを作家の柳美里が読んでおり、これについて柳が書き込んだ以下のツイートが、民主党の参議院議員だった有田芳生の目にとまった。「日本で、公衆の面前で、このプラカードが掲げられたことを、私は決して忘れないし、決して許さない。『善い韓国人も 悪い韓国人も どちらも殺せ』『朝鮮人 首吊レ毒飲メ飛ビ降リロ』」[7]。その結果として、在特会をめぐる問題は社会問題化から政治化へと段階を変えていった。

これにより何が変化したのか。第1に、ヘイトスピーチという言葉が公論の土俵に上がったのは、2013年3月14日の「排外・人種侮蔑デモに抗議する国会集会」以降である。そこで登壇した弁護士と刑法学者が、関連用語としてヘイトスピーチに言及したことが、新聞紙上で新たな用語として紹介されるに至った(e.g.『朝日新聞』2013年3月16日付)。上掲の図2でヘイトスピーチという用語が国会と新聞で歩調を合わせて登場するのは偶然ではなく、国

会で設定された議題から公論の土俵へと広がったものとみなしてよい。

第2に，当初は政策用語だったヘイトスピーチは，その範疇を超えて新語として定着していく。その推進力を生み出したのは2013年2月9日のデモであり，市民社会における反排外主義のカウンターが公論の土俵に乗る転機ともなった。その先駆けとなったグループの主宰者たる野間易通は，1月30日にツイッターで以下のように書いている。「レイシストをしばき隊　隊員募集－新大久保で一般市民や近隣店舗に嫌がらせしたり暴行を働くネット右翼の邪魔をします」[8]。これに応じて集まったのがきっかけで，在特会のデモにカウンターが対峙する光景が日常化し，ニュースバリューを持つようになった(反排外主義者は，表2の新聞記事に登場する行為主体のなかでもっとも多く，かつコンスタントに取り上げられている)。これによりヘイトスピーチという言葉が人口に膾炙し，争点関心サイクルを低下させないための下支えとなった。

第3に，有田は「国会での集会，現場に行く，法務委員会で質問をするという3点が車輪のように進んできたと考えています」(有田 2016a: 12)と言う。彼は，支持者代表の論理により行動しているわけではないが，Banaszak (2010: 12)がいう意味でのインサイダー活動家(政府の中にあって運動と一体になっている個人)といってよい。支持基盤と関係ない柳美里のツイッターから問題意識を持ち，院内集会を企画して国会での質問にまでつなげている。自らの再選には関係ない問題を自らの課題とする意味で，組織票に依存しない政治家だから社会問題を政治化できたともいえるだろう。

表2　「ヘイトスピーチ」新聞記事における行為主体の登場頻度

	反排外主義者		排外主義者		立法		自治体		司法		外国・国連		行政		警察		首相		記事数
	N	%	N	%	N	%	N	%	N	%	N	%	N	%	N	%	N	%	
13上	5	35.7	3	21.4	5	35.7	0	0.0	0	0.0	3	21.4	0	0.0	0	0.0	3	21.4	14
13下	12	35.3	3	8.8	1	2.9	0	0.0	5	14.7	5	14.7	0	0.0	3	8.8	7	20.6	34
14上	7	31.8	4	18.2	0	0.0	1	4.5	1	4.5	2	9.1	0	0.0	0	0.0	2	9.1	22
14下	22	30.6	21	29.2	27	37.5	16	22.2	10	13.9	10	13.9	1	1.4	3	4.2	4	5.6	72
15上	8	47.1	2	11.8	0	0.0	5	29.4	0	0.0	1	5.9	1	5.9	1	5.9	0	0.0	17
15下	8	38.1	4	19.0	8	38.1	0	0.0	0	0.0	1	4.8	3	14.3	0	0.0	0	0.0	21
16上	14	28.0	4	8.0	25	50.0	10	20.0	7	14.0	1	2.0	2	4.0	4	8.0	0	0.0	50
合計	76	33.0	41	17.8	66	28.7	32	13.9	23	10.0	23	10.0	7	3.0	11	4.8	16	7.0	230

注：首相については，行為主体として登場することはほとんどなく，記事中で言及があったものを含めての計数結果を出している。

出典：データ(5)

4.2 政策化前期
——イデオロギー過程から政策過程へ，2013.5 − 2015.7

　表2は，時期あるいは政策化の段階によって関与する行為者が変化することも示している。排外主義者は，2015年以降には全体として比率を低下させており，ヘイトスピーチは排外主義者を指す言葉から立法用語となっていった。外国・国連が初期に多かったのは，国連による審査結果が出るタイミングと重なったこともあるが，韓国からの要望が多かったことの方が大きい。両者とも，議題設定の水準では意味を持つが，政策案を絞り込む段階ではそれ以外の要因が意味を持つことになる。それは首相も同じことで，初期のうちにはヘイトスピーチに対する首相の姿勢を問う記事が多かったが，政策過程の進展とともにそうした確認はなされなくなっていく。常に存在感が薄いのが行政であり，法務省は基本的にヘイトスピーチ関連の立法に対して否定的だった[9]。

　それに対して，反排外主義を掲げる市民社会の動きは活発であり続けた。こうした活動により報道件数が維持されたのが争点関心を下支えする要因となったが，当初からそうした意図を持ってカウンター活動がなされたわけではない。レイシストをしばき隊が結成された当初は，在特会メンバーによる新大久保の店舗への嫌がらせを止めるという限定的な目的しか掲げていなかった(笠井・野間 2016)。しかし，新大久保地区で象徴的に起きた対決の構図それ自体が新たな参加者の呼び水となり，他の場所でも再現されることで，継続的な効果を持った(cf. Kingdon 1995: 197)。

　それに加えて，在日大韓民国民団(民団)，人権団体や法律家からなる外国人人権法連絡会，程度は落ちるが部落解放同盟や日本弁護士連合会によるものが，市民社会からの直接的な働きかけのすべてといってよい[10]。これらのインサイダー組織は，公論の土俵に乗ることはほとんどなかった。表3をみると，読売は市民団体の動きを基本的に報じていないが，朝日でもカウンターとは比較にならない程度の回数しか登場していない。これは市民団体間

表3　ヘイトスピーチ記事における市民団体の登場回数

	インサイダー				アウトサイダー
	民団	外国人人権法連絡会	部落解放同盟	日弁連	カウンター
朝日	4	3	2	2	25
読売	1	0	3	0	2

表4　国会におけるヘイトスピーチ関連の質問・提案件数

	自民	民主／民進	公明	維新	共産	その他	計
13上	0	3	0	0	0	1	4
13下	0	1	0	0	0	0	1
14上	2	4	1	0	0	1	8
14下	0	11	0	4	2	1	18
15上	1	6	1	0	4	0	12
15下	1	4	1	1	1	2	10
16上	6	11	4	1	5	1	28

出典：データ (2)

で一種の分業を生み出し，アウトサイダーたるカウンターが公論の土俵に上がり続ける一方で，インサイダーは選択肢の絞り込みに影響を持った。2014年4月には民主党を中心に「人種差別撤廃基本法を求める議員連盟」が結成されるが，人種差別撤廃条約に対応する国内法という発想は，外国人人権法連絡会の影響を受けたことによるだろう。

　こうした市民社会からの働きかけは，政策過程においてどのような意味を持ったのか。有田が民主党に所属していることもあり，ヘイトスピーチという争点の所有権は民主党にあった。表4をみると，2015年下半期以降を除いて国会におけるヘイトスピーチ関連の質問・提案件数の半分以上を民主党が占めている。民主党では2013年に幹部が関心を示して取り組むと言明したものの沙汰止みとなり，組織としてこの問題に取り組んだわけではない。しかし，自民党議員と極右団体の関係を追及するなど与党との競合にヘイトスピーチが使われるようになった。民主党は2014年衆院選の公約にヘイトスピーチ対策を盛り込んでおり，争点所有が党のイメージにプラスになると判断されたものと思われる[11]。表3に示した市民団体による働きかけは，一定の影響があったといえるだろうが，民団や部落解放同盟に近い議員が積極的に取り組んだわけではない。党としては，支持者代表より政党競合の論理によりヘイトスピーチ問題を所有し，2015年5月の人種差別撤廃推進基本法案の提出に結びつくこととなる。

　一方の自民党は，市民社会からの直接的な影響をほとんど受けなかった。外国人人権法連絡会は自民党との接点がないし，カウンターは政治とのつながりを持たない。民団は，2009年衆院選で民主党を支援したことにより自民党との関係が悪化しており，露骨に冷遇されていた[12]。つまりこの段階でのヘイトスピーチは，市民団体が提起し野党は積極的にかかわるが政権には影響がない，イデオロギー過程(村松1981)の争点にとどまっていた。

　それを変えたのが民団－韓国政府という回路だが，これとて直接的な効果があったわけではない。2014年7月に舛添要一東京都知事が訪韓して朴槿恵大統領と会談した際，韓国側からヘイトスピーチ対策を要請された[13]。舛添

が帰国後に安倍晋三首相と会談した1週間後，自民党はヘイトスピーチ関連のプロジェクトチーム(PT)を設置する方針を固めている(『読売新聞』2014年8月15日付)。その後，PTは8月29日に第一回の会合を開いたが，現行法を変えないことを前提としており[14]，2014年度に何度か会合を開催しただけで活動を中断した[15]。政策の窓が開く期間は短く，そのときに政策的選択肢がなければ，機会は去って行く(Kingdon 1995: 170)。自民党は，韓国の顔を立てつつ実質的には何もせず沈静化を待つことで，政策の窓が開くのを食い止めようとしたことになる。しかし，後述するように自民党PTの設置はイデオロギー過程から政策過程へと転換するきっかけを作ることとなった。

自民党がヘイトスピーチ対策に消極的な唯一最大の理由として挙げられるのは，「表現の自由」との抵触である[16]。これは自民党閣僚の国会答弁で一貫しているだけでなく，他党の議員も当初は慎重だったとほぼ一様に述べている。とはいえ，その強調の程度には温度差があった。それを示すのがメディアでの扱いであり，図3にあるヘイトスピーチ関連の記事で表現の自由に対する言及があるのは，読売24.5%，朝日7.3%とかなりの差があった。読売の比率が右肩上がりであることが示すように，政策過程が進むにつれて，ヘイトスピーチは問題だが表現の自由との関係で法規制は難しいという論が繰り返される。

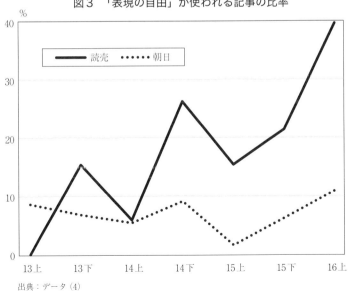

図3　「表現の自由」が使われる記事の比率

出典：データ(4)

それに対して，イデオロギー過程を政策過程に変換するうえで，より現実的な方法を模索したのが公明党だった。公明党は，自民党がPTを設置した1ヶ月後の2014年9月にPTを設置しており，自民党にならった形になっているが，自民党のそれとは性格がかなり異なる。公明党のPTは，外国人人権法連絡会から講師を招いたり，現地視察をするなど形式にとどまらず積極的に取り組んだ[17]。争点競合に際して，自民党よりも立場が近い民主党の政策を取り入れる方針がとられたといってもよい。

同時に，自民党との関係を考慮して慎重に政策化を進める方針を公明党はとっている。2015年7月2日には，PTの見解としてヘイトスピーチの実態調査を求める要望書を菅義偉官房長官に提出した際，菅は調査を実施すると即答し，その日のうちに予備費を用いて調査する旨を発表した[18]。この時点で，公明党は基本法が必要であるという認識を持っていたが，自民党が難色を示す法規制にはふれず実態調査を要求した[19]。また，人種差別ではなくヘイトスピーチに特化して提言した点で，自民党が受容できる範囲に政策枠組みを転換したことになる。

4.3　政党間競合と法制化，2015.8 – 2016.5

この段階では，国会外部の要因ではなく内部の政党間競合によって帰趨が決まっている。公明党PTの要望書が出る前の2015年5月22日，民主党と社民党を中心とする人種差別撤廃施策推進法案が，参議院に提出された。法案提出には所属政党の承認を経なければならないが，これには野党内部での合意があればよい。それに対して，提出した法案を審議するには与党の合意が必要になる。それゆえ，審議されないまま廃案になるのが野党提出の議員立法の通例だが，人種差別撤廃施策推進法案は同年8月4日に審議入りした。さらに，法制定に至るには与党の賛成が必須であり，与党が野党の提案を受け容れて初めて政治の流れが引き寄せられる（Herweg et al. 2015: 439）。

このとき民主党は，野党として使える資源を最大限に活用した（cf. 福元 2000; 川人 2005; 増山 2003）。国会の運営に際しては，委員会の理事が全員一致することで審議入りする慣例があり，質問時間を野党に多く配分することと並んで野党に有利な配慮がされている。民主党は政党間競合の材料としてヘイトスピーチ問題を位置づけており，自民党が対策に消極的なことを選挙キャンペーンに使えると考えていた[20]。それゆえ，議院運営委員会で他の法案審議との取引材料となり，人種差別撤廃施策推進法案は「吊るし」を下ろされて法務委員会に付託されている[21]。

さらに、8月4日に趣旨説明が、6日には質疑もなされたが、そこで審議はストップし、19日からは国会審議とは別に自公民維の4党で協議が行われた(『朝日新聞』2015年8月20日付)。「自民党、公明党から『人種差別撤廃施策推進法案では間口が広すぎる。ヘイトスピーチに特化した法案にならないか』と水面下で打診があった」(有田 2016b: 37)わけである。これに民主党が応じず、人種差別撤廃施策推進法の審議を進めなければ刑事司法改革関連法案の審議も行わないとし、それがかなわないため両方の法案が継続審議となった。

　民主党は、国対での取引により委員会付託までコマを進め、さらに委員会では与党が重視する刑事司法改革関連法案が後に控えていた僥倖により、交渉を有利に進めることができた。与党にしてみれば、人種差別撤廃施策推進法には賛成できないが、採決にかけて否決することもできなかった。野党を排除して刑事司法改革関連法案を審議することは不可能ではないが、そうした運営を常に行えるわけではない。その意味で与党が継続審議を呑んだのは理解可能だが、民主党にとっては議会運営の慣行を二度にわたって活用してまで法案に固執する程度に、政党間競合に有益な争点になったことを示す。

　それから年が明けた2016年1月の通常国会では、本来は財政・金融が専門で名うての右派である西田昌司が参議院法務委員会の理事として送り込まれた。これは、ヘイトスピーチ関連法案を与党側が提出することが既定路線となっており、西田であれば右派の同意を得やすいからだという[22]。この時点で公明党はヘイトスピーチに特化した理念法を準備していたが、自民党は自発的に取り組んだわけではない。イデオロギー過程から政策過程に変化したとはいえ、自民党はヘイトスピーチ関連法をイデオロギー争点と捉えていた。それゆえ、西田の登用により自民党右派にとって問題の少ない法案になることが期待されていたが[23]、結果的に西田は法制化に向けて積極的に働くこととなる。

　自民党内の動きとしては、2016年2月に「差別問題に関わる特命委員会」が設置された。3月25日には与党のワーキングチーム(WT)が立ち上がり、29日からは自公が案を持ち寄ったが、当初の自民党案は時限立法とするなど可能な限りの無効化を企図していた[24]。より整った基本法を用意していた公明党との調整を経て法案が提出されたが、内容的には民主党の内部で反対論がかなり生じるようなものだった。自民党は、ヘイトスピーチ関連法制によって有権者からの支持を見込めるわけではないし、それにより政党ブランドを高める発想もなかった[25]。また、自民党WTや法務省幹部は、自民党右

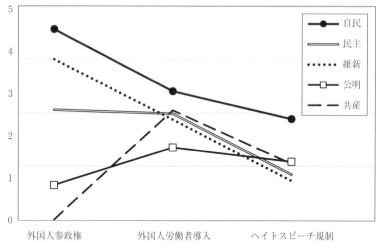

図4　2014年衆議院選挙当選者の意見分布

出典：データ（3）．数値が低いほど賛成の度合いが高い

派の説得に一定の労力を割いており，イデオロギー争点として捉えられる側面は最後までついてまわった[26]。

それでも自民党内から強い抵抗がなかったのは，国会運営の秩序維持という動機だけでなく，強硬な反対論がなかったことによるだろう。図4は，2014年衆院選での当選者に対して行ったサーベイの結果だが，外国人参政権や外国人労働者の受け入れに比べてヘイトスピーチ規制に対しては反対の程度が低い。また，他の政党との距離もそれほど大きくない。自民党は，ヘイトスピーチに関して容認できないとしつつも，政策的選択肢がないことを理由として傍観する戦略をとっていた。しかし，法制定による抵抗が強くない程度には，問題に対して合意ができていたともいえる。

5．規範カスケードなき法制定のゆくえ——結語に代えて

冒頭で掲げた問いに戻ろう。現実の政治過程は何によって説明できるのか。あるいは，どのようにして問題，政策，政治の流れは合流したのか。まず，有田がインサイダー活動家となりえたことが体現するように，民主党が争点を所有して立法過程をリードしたことが大きい。その背景では，カウンターに体現される反排外主義の動きが公論の土俵を維持し，民主党に争点所有するメリットを意識させることで問題と政治が合流した。

ただし，それだけでは問題はイデオロギー過程の域を出ることはなく，自

民党を動かすことはできなかっただろう。与党は，野党の優位性をなくすために野党が提起した争点に対立することもあるが，世論や全国的な雰囲気を受けて支持に転じる場合もある。野党にとってみれば，与党の支持があって初めて政治の流れを引き寄せることができるともいえる（Herweg et al. 2015: 439）。この点に鑑みれば，公明党が民主党の争点を取り込み，自民党にも受容可能な政策案を提示したことで，政治と政策の流れは合流した。問題と政治，政治と政策の流れを民主党と公明党が束ねることで，自民党も法制定やむなしと方針を転換し，ヘイトスピーチ解消法が制定されたことになる。

だが，この過程を冒頭で述べた規範カスケードの観点からみると，異なる像が浮かび上がる。人種差別撤廃基本法を求める議員連盟という名称が示すように，野党側は人種差別撤廃条約に対応する国内法が必要という筋論を規範として掲げていた。これは，国内法の整備に消極的な自民党や関係省庁への挑戦であるが，立法過程ではこの規範へのカスケードとは逆のことが起きている。民主党の議題設定を取り込んだ公明党も，人種差別では立法事実の認定が困難としてヘイトスピーチに特化した政策化を進めていった。つまり，刑事罰はもちろん禁止規定を設けないヘイトスピーチ解消法は，表現の自由を至上のものとする自民党の規範に他党が譲歩した結果とみた方がよい[27]。

これは，「安倍一強」下で反差別法制定を可能にした要因であるが，課題を先送りする結果をもたらした。自民党はPTを解散したが，公明党はPTを維持し人種差別撤廃基本法を求める議員連盟も継続している。ヘイトスピーチ解消法は，それ自体の実効性が弱いがゆえに，依然としてカウンターによるヘイトデモの抑制が必要で，実効性のある条例制定を求める運動も続いている。つまり，解消法は対抗運動による下支えがなければ機能せず，ヘイトスピーチへの対峙という目的に即してみれば一里塚に到達したにすぎない。本稿執筆時点では，反排外主義の主戦場は条例制定へと移行しつつあり，それも含めた法制定の効果を検証する作業が今後必要になろう。

（1） 民進党議員に対する聞き取り，2017年11月7日。東京五輪は法制定を可能にした主因であるという見方も一部にはあるが，妥当な見方とはいえない。
（2） 民進党議員に対する聞き取り，2017年5月15日。
（3） もちろん，完全に三者が独立しているわけではなく，実現のコストが高すぎたり反対が強い問題を議題にしないようにする，といったことはある（Kingdon 1995: 88）。
（4） 排外主義を掲げる社会運動には，在特会以外にもいくつかの団体が存在

（5）　実際，デモがメディアに登場する条件としては規模が第一に重要で，それに次いで旬の運動であることが必要だという（McCarthy, McPhail and Smith 1996）。
（6）　カウンターの組織者に対する聞き取り，2016年3月16日。
（7）　柳美里のツイッター投稿（2013年2月10日付）。有田は在特会のことを知らなかったわけではない。彼が初めて在特会の存在を意識したのは，2011年の6月5日に行われた「すべての拉致被害者を救出するぞ！　国民大行進」のときだったという（有田 2013: 8-10）。有田は，ここに参加していた在特会を目撃していたが，少なくとも政治課題として考えることはなかった。2013年2月9日に柳美里のツイッターを読んだことで，「在特会そのものと正面から向き合うようになった」（有田 2013: 54）ことになる。
（8）　しばき隊主宰者である野間易通のツイッター投稿（2013年1月30日付）。
（9）　後述する与党法案が出て以降は，法務省幹部が与党内部の調整も担っているが（民進党議員に対する聞き取り，2017年5月15日），基本的には自民党の意向に沿って動いていた。在特会が関わる刑事・民事事件での司法判断も，ヘイトスピーチ規制の正統性を高めているが，紙幅の都合により本稿では立ち入らない。
（10）　ヘイトスピーチ対策を求める地方議会の意見書採択に際しては，民団以外の在日コリアン団体や市民団体が関わっているが，ここでは中央政府に限定して考える。
（11）　報道件数が多いことが，公約に入れる理由になったという（民進党議員に対する聞き取り，2017年5月15日）。
（12）　民団に対する聞き取り，2017年3月27日。
（13）　日韓関係は政策を直接推進する要因になったわけではなく，あくまで間接的なきっかけを作ったと考えた方がよい。日韓議員連盟の場でも「慰安婦」問題に次ぐ重要課題としてヘイトスピーチが取り上げられていた。こうした要望により，政策推進に際して日韓関係は意識されていたものの，そのために政策化のコストを払うほどの推進要素ではなかったという（公明党議員に対する聞き取り，2017年6月6日）。
（14）　公明党議員に対する聞き取り，2017年6月6日。当初からそのように明言していたという。
（15）　自民党議員に対する聞き取り，2017年11月2日。
（16）　自民党議員に対する聞き取り，2017年11月2日。
（17）　公明党議員に対する聞き取り，2016年6月6日。公明党が公式に取り組んだのは自民党より後になるが，民主党による国会での質問を受けて党内で問題だと感じる議員は多かったという。
（18）　公明党議員に対する聞き取り，2017年6月6日。

(19) 公明党議員に対する聞き取り，2017年11月10日。
(20) 民進党議員に対する聞き取り，2017年5月15日。
(21) 民進党議員に対する聞き取り，2017年11月7日。
(22) 自民党議員に対する聞き取り，2017年8月29日。
(23) 自民党議員に対する聞き取り，2017年8月29日。
(24) 当初は，法律でなく国会決議で済ませようとしていたが，他党が反発したため自民党は渋々法案を用意している(自民党議院に対する聞き取り，2017年8月29日)。
(25) 民主党にはそうした動機があったがゆえに，ヘイトスピーチ規制に熱心だったと思われる(cf. Carter and Jacobs 2014: 138)。
(26) 公明党議員(2017年6月6日)，民進党議員(2017年5月15日)に対する聞き取り。
(27) 与党提出の法案に対しては，いくつかの点で批判がなされ付帯決議をすることで野党の意向も反映されたが，法律の条文に関して自民党は譲歩していない。

参考文献

有田芳生，2013，『ヘイトスピーチとたたかう！――日本版排外主義批判』岩波書店.
――，2016a,「『人種差別撤廃基本法を求める議員連盟』結成と法案提出までの過程と課題」『Migrant Network』186: 12-13.
――，2016b,「『人種差別撤廃基本法』の現状と課題」『すいへい東京』45: 33-42.
Banaszak, L. A., 2010, *The Women's Movement Inside and Outside the State,* Cambridge: Cambridge University Press.
Best, J., 1990, *Threatened Children: Rhetoric and Concern about Child-Victims,* Chicago: University of Chicago Press.
Birkland, T., 1998, "Focusing Events, Mobilization and Agenda Setting," *Journal of Public Policy,* 18: 53-74.
Burstein, P., 2014, *American Public Opinion, Advocacy, and Policy in Congress: What the Public Wants and What It Gets,* New York: Cambridge University Press.
――, P., M. Bricher and R. L. Einwohner, 1995, "Policy Alternatives and Political Change: Work, Family and Gender on the Congressional Agenda," *American Sociological Review,* 60: 67-83.
Burstein, P., R. L. Einwohner and J. A. Hollander, 1995, "The Success of Political Movements: Bargaining Perspective," J. C. Jenkins and B. Klandermans eds., *The Politics of Social Protest: Comparative Perspectives on States and Social Movements,* London: UCL Press.
Carter, N. and M. Jacobs, 2014, "Explaining Radical Policy Change: The Case of Cli-

mate Change and Energy Policy under the British Labour Government 2006-10," *Public Administration*, 92 (1): 125-141.

Downs, A., 1972, "Up and Down with Ecology: The Issue-Attention Cycle," *Public Interest*, 28: 38-50.

Finnemore, M. and K. Sikkink, 1998, "International Norm Dynamics and Political Change," *International Organization*, 52: 887-917.

福元健太郎, 2000, 『日本の国会政治――全政府立法の分析』東京大学出版会.

Green-Pedersen, C. and J. Krogstrup, 2008, "Immigration as a Political Issue in Denmark and Sweden," *European Journal of Political Research*, 47: 610-634.

Green-Pedersen, C. and P.B. Mortensen, 2010, "Who Sets the Agenda and Who Responds to it in the Danish Parliament? A New Model of Issue Competition and Agenda-Setting," *European Journal of Political Research*, 49: 257-281.

Herweg, N. et al., 2015, "Theoretically Refining the Multiple Streams Framework Straightening the Three Streams: Theorising Extensions of the Multiple Streams Framework," *European Journal of Political Research*, 54: 435-449.

Hilgartner, S. and C. Bosk, 1988, "The Rise and Fall of Social Problems: A Public Arenas Model," *American Journal of Sociology*, 94: 53-78.

Jennes, V., 2007, "The Emergence, Content, and Institutionalization of Hate Crime Law: How a Diverse Policy Community Produced a Modern Legal Fact," *Annual Review of Law and Social Science*, 3: 141-160.

Jerit, J., 2008, "Issue Framing and Engagement: Rhetorical Strategy in Public Policy Debates, *Political Behavior*, 30: 1-24.

笠井潔・野間易通, 2016, 『3.11後の叛乱――反原連・しばき隊・SEALDs――』集英社.

川人貞史, 2005, 『日本の国会と政党政治』東京大学出版会.

King, B. G., K. G. Bentele, S. Soule, 2007, "Protest and Policymaking: Explaining Fluctuation in Congressional Attention to Rights Issues, 1960-1986," *Social Forces*, 86 (1): 137-164.

Kingdon, J. W., 1995, *Agendas, Alternatives, and Public Policies*, second ed., New York: Harper Collins College.

Kitschelt, H., 1989, *The Logics of Party Formation: Ecological Politics in Belgium and West Germany*, Ithaca: Cornell University Press.

増山幹高, 2003, 『議会制度と日本政治――議事運営の計量政治学』木鐸社.

McCarthy, J. D., C. McPhail and J. Smith, 1996, "Images of Protest: Dimensions of Selection Bias in Media Coverage of Washington Demonstrations, 1982 and 1991," *American Sociological Review*, 61 (3): 478-499.

Mintrom, M., 1997, "Policy Entrepreneurs and the Diffusion of Innovation," *American Journal of Political Science*, 41 (3): 738-770.

村松岐夫, 1981, 『戦後日本の官僚制』東洋経済新報社.

Odmalm, P., 2011 "Political Parties and 'the Immigration Issue': Issue Ownership in Swedish Parliamentary Elections 1991–2010," *West European Politics*, 34 (5): 1070-1091.

Petrocik, J. R., 1996, "Issue Ownership in Presidential Elections, with a 1980 Case Study," *American Journal of Political Science*, 40 (3): 825-850.

———, W. L. Benoit and G. J. Hansen, 2004, "Issue Ownership and Presidential Campaigning, 1952-2000," *Political Science Quarterly*, 118 (4): 599-626.

Roberts, N. C. and P. J. King, 1991, "Policy Entrepreneurs: Their Activity Structure and Function in the Policy Process," *Journal of Public Administration Research and Theory*, 1 (2): 147-175.

Soule, S. A. and S. Olzak, 2004, "When Do Movements Matter? The Politics of Contingency and the Equal Rights Amendment," *American Sociological Review*, 69: 473-497.

Soule, S. A. and B. G. King, 2006, "The Stage of the Policy Process and the Equal Rights Amendment, 1972-1982," *American Journal of Sociology*, 111 (6): 1871-1909.

Vliegenthart, R., S. Walgrave and C. Meppelink, 2011, "Inter-Party Agenda-Setting in the Belgian Parliament: The Role of Party Characteristics and Competition," *Political Studies*, 59 (2): 368-388,

Walgrave, S. and F.Varone, 2008, "Punctuated Equilibrium and Agenda-Setting: Bringing Parties Back in: Policy Change after the Dutroux Crisis in Belgium," *Governance*, 21 (3): 365-395.

(付記) 本稿は科学研究費による成果であり，Ayaka Löschke氏に有益なコメントをいただいた。調査にご協力いただいた方々への敬意とともに，記して感謝したい。

■書評論文

「政治経験と理論」

松沢裕作『自由民権運動 〈デモクラシー〉の夢と挫折』岩波書店，2016年
富永京子『社会運動と若者 日常と出来事を往還する政治』
　ナカニシヤ出版，2017年

山田真裕

はじめに

　本誌書評委員会よりこの2作を合評してほしいという依頼を受けた。かたや明治期を取り扱う政治史の新書，かたや現代の事象を扱う社会学の研究書である。政治史研究者でも社会学者でもない私に書評子として白羽の矢が立ったのは，どちらも投票外参加，すなわち投票ではない形の政治参加を扱っているでしょうということのようである。よって本稿では政治参加研究者からの視点で両書を論じることになる[1]。つまり本稿の目的は，両書から政治参加研究者が今後の研究のためにどのような含意を引き出せるかについて論じることにあり，それぞれの著作を評価するものではないことをまずおことわりしておく。

自由民権運動と政治学

　まず松沢の著作から始める。本書のテーマである自由民権運動は高校の日本史で必ず習う項目であるが，多くの活動や側面を含んでおり，その十分な理解を高校での学習によってつかむことは容易でないという印象がある。本書はその自由民権運動をわかりやすく解説している。もし本書を自分が高校生の時に読んでいたら夢中になり，政治史研究を志したかもしれないとさえ感じた。
　多様な側面を持つ自由民権運動を本書は「近世身分制社会にかわる新しい社会を，自分たちの手でつくり出そうとする運動」とまとめる(p.iii)。さらに松沢は自由民権運動を「戊辰戦後デモクラシー」として位置付ける(p.iv, p.34)。これは松沢自身が記しているように，近代日本の「デモクラシー」と呼ばれる現象が大きな戦争の後に起きているという三谷太一郎の指摘(三谷，1997)を戊辰戦争後に適用したものである。
　大きな戦争の後に政治参加の拡大が引き起こされる理由について本書は，「戦争が社会に無理を強いるから」「戦争中，生命と金銭の負担に耐えた人びとは，戦後になると戦争指導者に対してしかるべき対価を要求する」としているが，その理論的背景は明示されていない。この点についての最近の文献としては，Ferejohn and Rosenbluth (2017)をあげることができる。フェアジョンとローゼンブルースは世界の歴史をひもときつつ，「民主制は，普及している軍事技術がマンパワーを欲するときに生まれたり，存続したりしやすい」(Ferejohn and Rosenbluth 2017, p.306)としている。

またバーバラ・ゲデスは，支配者と市民の相互作用をモデル化したブエノ・デ・メスキータらの議論(Bueno de Mesquita et al. 2003)を踏まえて以下のように述べている。「ブエノ・デ・メスキータらによる最も有意義にして経験からも現実的な論点の1つは，クーデター，暴動，あるいは革命への参加は，旧体制崩壊後，参加者に対して権力や富の共有状況が改善されることを保証しないということである。なぜならば，そのような運動を主導する者たちは彼らが勝利した後に，以前の約束を果たさない誘因を持っているからである」(Geddes 2007, 327)。

　本書で取り上げられる板垣退助，河野広中など自由民権運動の中心人物たちの多くは，戊辰戦争後に自らの望む地位を獲得するために「政治権力に『わりこむ運動』」(p.56)に関与している。これはまさに権力の分け前を求めたものであるが，自由民権運動の一側面でしかない。先に述べたように自由民権運動は「近世身分制社会にかわる新しい社会を，自分たちの手でつくり出そうとする運動」でもあった。別の表現を借りれば，「これまで『ご政道』に口を出すことができなかった人びとが，地域の生活・運営から日本社会全体のあり方を考え，発言し，時には実力をもって，眼前のそれとは異なる社会・政治秩序，また『国家』を創ろうと動き始めるのである」(高島・田﨑2014, iv)ということになる。これは広義の政治参加と言えるだろう。その担い手は板垣，河野といった士族に限定されず，秋田立志会の柴田浅五郎といった農民，尾張藩草莽隊に参加した博徒・武家奉公人・都市下層民といった人々も含まれることを松沢は本書で示している[2]。

　終章において松沢は自由民権運動を次のように総括する。

　「しかし，『自分たちの手で』という点にこだわったことに，自由民権運動の陥った落とし穴があったともいえる。つまり，政府もまた，憲法を持ち，議会を通じた政治参加の仕組みを備えた社会を構想していたとき，あくまで自分たちの手での新しい社会づくりにこだわったことによって，政府と民権派の対抗関係は，来るべき社会の構想をめぐる競争ではなく，来るべき社会をつくる抗争になってしまったからである」(p.205)。

　「政府が新しい舞台を着々とつくり上げているとき，そうした民権家の運動についていったのは，できあがりつつある社会の枠組みからこぼれ落ちる人々であった。新しい舞台に乗ることができそうな地方の有力者たちは運動から離れていった。運動の資金源は当然枯渇する。そして，民権家とそうした周縁的な人びとの共鳴は，成功の見込みのない，いくつかの武装蜂起事件を引きおこし，自由民権運動は終わりを迎える」(pp.205-206)。

　政治的機会構造から疎外され，政治権力に割り込むことに失敗し，政府からの挑発(高島2014, 17-20)を受け，自由民権運動は崩壊していく。政府と民権派の対抗関係が来たるべき社会の構想をめぐる競争ではなく，来るべき社会をつくる抗争になってしまったという指摘は，先に紹介したブエノ・デ・メスキータらの分析枠組みが自由民権運動にも適用できる可能性を示唆するように思われる。また自由民権運動に対する政府側の挑発と弾圧は，社会運動研究においては警察による運動取り締まり(policing)の問題として認識される[3]。警察による介入は運動を制約し，時

に挑発しあえて暴発させることさえある。しかしながらこの点についての政治学からの研究は，少なくとも日本においては乏しいように思われる[4]。警察による社会運動や政治参加に対する取り締まり活動はそれ自体国家権力の行使であり，警察行政研究の知見を踏まえて政治学が研究対象にしてよい分野であろう。

　自由民権運動は政治史の分野で多くの蓄積を有するが，それらの知見を活かし政治学の理論仮説を検証するための素材として利用する可能性が検討されるべきではないかという読後感を本書から得た。

若者・社会運動・政治学

　続いて富永の著作について検討する。富永は前著（富永2016）において組織論的視点から語られてきた社会運動論を批判し，「出来事と日常」を往還する個人という視点から，社会運動参加者に共通する「しきたり」や「こだわり」を「活動家サブカルチャー」「社会運動サブカルチャー」として捉えようとした。本書はその枠組みを特に若者にフォーカスし，若者特有の社会運動サブカルチャーの存在を検討している。

　本書の主要な知見は以下のように整理される（pp.236-238）。第1に，「若者たちは年長活動家のもっている資源を継承するよりは，自分たちの慣れ親しんだポップカルチャーを応用しながら組織を形成し，運動のデザインをする傾向がある」。第2に「社会運動に参加する若者たちの十代は親と学校によって問題意識を伝達され，政治的に社会化され，社会問題について周囲の人々と語り合うことに抵抗を持たない「箱入り社会派」と，身近な問題から政治に関心をもつものの誰にも言えない「孤独な反逆児」に分化する」。第3に「若者たちの親はリベラルな思想に共鳴している場合もそうでない場合も，社会運動に対しては強い抵抗感を示している」。第4に「若者たちの多くは，将来どのような形での社会問題の当事者となるかわからない」ゆえに「参加者同士が個々人の生き方をめぐる差異に配慮」し，「参加や離脱が容易にできる」ことを前提とした運動を行ない，「自分の活動を組織とみなさない」。第5に「社会とどのようにかかわるか未決定の状態にある若者たちは『学ぶ』ことを重要なレパートリーとして選ぶ」。また多様で異質な「若者」がともに集まって活動できた背景には，彼らが普段政治に関心を持つがゆえに味わう疎外感があることが指摘される。「彼らは自分と同じように政治に関心を持つ人を求めて，また，日常生活を通じて分かり合えなかった人々に自らの問題意識を伝えるために，デモや学習会をする」（p.246）。

　日本の現状を顧みると，若者の政治的無関心や投票率の低さがメディアなどで話題となることは多いが，政治学において若者の政治参加について掘り下げた研究は多くない[5]。これは政治現象を説明する上で「若者」という要素が重要視されることが稀だからであろう。ただし近年，政治的社会化や市民教育などについての研究は活況を呈しつつある（石橋（2010），秦（2013; 2016），Pak（2016），Steel（2016）など）。加えて若者におけるイデオロギー認知が，上の世代と異なっているという研究も発表されている（Endo and Jou 2014, Jou and Endo 2016）。

これらを踏まえて筆者の関心から今後のリサーチ・アジェンダを考えるとすれば，まずは政治に関心を持つ若者を疎外する力学の析出であるだろう。若者の政治に対する関心が低い，投票率が低いといったところで，そもそも関心の高い層を普段から疎外する力学が社会のみならず家庭においてさえ働いているのであればそれも当然であり，そのような力学は有権者教育の阻害要因である可能性が高い。そのような力学を何が生み出すのかについては当然制度面からの検討も必要になるだろう。これは政治学の課題にほかなるまい。

　社会運動が社会のマジョリティにしばしば厭われる理由は，社会運動が今ある社会の自明性を批判するからである。我々の多くはこの自明性の上に生活しており，社会運動からの批判はそこを崩そうとするものである。その自明性こそが文化を形成しており，政治文化もその例外ではあり得ない。そしてその自明性のもとで，マイノリティが苦しんでいることも往々にしてある。マジョリティ－マイノリティ問題は社会学では重要なテーマだが，政治学においてはそれが政治のアジェンダとしてセットされない限り，考察の対象とならない傾向がある。ただし近年はポピュリズムと排外主義の関係で政治学においてもこの問題は注目されつつあるが，この場合のマイノリティは主にエスニック・マイノリティをさすことが多く，すべてのマイノリティが考察の対象とはならない。しかしながら社会から政府への入力を分析する政治学者の立場からすると，どのような問題が政治争点化するかという意味において議題設定権力の存在を看過するわけにはいかない。現時点で議題にされない社会問題は将来において政治争点化する可能性がある。よって社会問題を提起する社会運動についての研究を視野に入れる必要がある。

まとめ

　本稿が取り上げた2冊の研究テーマである自由民権運動と社会運動はいずれもこれまでの政治参加研究が対象として扱ってこなかったものである。しかしながらいずれも政治学的に重要な含意を含んでおり，これらを検討対象にすることで，興味深いリサーチ・アジェンダにつながる可能性があるように筆者には思われる。

　また両書を併読して思うのは，われわれはもっと日本の政治経験について，政治学の視点からの分析を積み上げていかねばならないということである。両書はいずれも日本における政治経験を対象としている。一方我々が習い，教室で教える政治学の理論はほとんどが外国産である。自分たちの政治経験を相対化し，世界の事例の中に位置づけるために，我々は自分たちの政治経験を大いに分析の対象とすべきであろう。われわれの政治経験をアネクドートに終わらせず，共有可能なデータの蓄積をはかり，それに基づく研究の成果を残していくことで，理論の彫琢に貢献するとともに我々の政治経験を世界の事例の中で適切に位置づけることができるようになるのではなかろうか。日本の政治経験は日本という政治共同体において当然重要だが，それだけでなく政治学理論上の重要なデータとなることで，国境を越えた政治学の分析対象となり，政治についての普遍的な理解を深めることに貢献すると考える。

（1）　自由民権運動研究者による書評として高島(2017)を参照。
（2）　なお参政権の範囲が明確にされていない段階での政治参加を，これまでの政治参加研究は十分に扱っていない。参政権を求める活動は政治参加研究ではなく，社会運動研究において扱われてきた。
（3）　警察による社会運動取り締まりについての研究としてDella Porta and Reiter（1998），Della Porta（2013, 150-158）。
（4）　貴重な例外としてカッツェンスタイン(2007, 83-138)。
（5）　例外的なものとして秦(2015)。

参考文献
石橋章市朗．2010.「Ⅲ　高校生の政治的有効性感覚に関する研究」関西大学経済・政治研究所『ソーシャル・キャピタルと市民参加』69-94
カッツェンスタイン，ピーター，J. 2007.（有賀誠訳）『文化と国防　戦後日本の警察と軍隊』日本経済評論社
高島千代．2014.「激化事件研究の現状と課題」高島・田崎（編）2014．第1章，3-34
高島千代．2017.「書評 松沢裕作『自由民権運動〈デモクラシー〉の夢と挫折』」『人民の歴史学』(212): 23-28
高島千代・田崎公司（編）．2014.『自由民権〈激化〉の時代　運動・地域・語り』日本経済評論社
富永京子．2016.『社会運動のサブカルチャー化　G8抗議サミット行動の経験分析』せりか書房
秦正樹．2013.「若年層の政治関心に与える政治的社会化の効果―学校と家庭における政治教育に注目して―」『六甲台論集(法学・政治学篇)』第60巻1号，神戸大学法学研究会，15-36頁
秦正樹．2015.「若年層の政治関心と投票参加：日本型政治的社会化の機能と構造に着目して」『神戸法學雑誌』65巻2号，神戸法学会，263-285頁．
秦正樹．2016.「"新しい有権者"における政治関心の形成メカニズム：政治的社会化の再検討を通じて」『選挙研究』32巻2号，44-55頁
三谷太一郎．1997．『近代日本の戦争と政治』岩波書店
Bueno de Mesquita, Bruce, Alastair Smith, Randolph M. Siverson, and James D. Morrow. 2003. *The Logic of Political Survival*. The MIT Press
Della Porta, Donatella. 2014. *Can Democracy Be Saved?* Polity
Della Porta, Donatella, and Herbert Reiter（eds.）. 1998. *Policing Protest: The Control of Mass Demonstrations in Western Democracies*. University of Minnesota Press
Endo, Masahisa and Willy Jou, 2014, "How Does Age Affect Perceptions of Party's Ideological Locations?" *Japanese Journal of Electoral Studies* 30 (1): 96-112.
Ferejohn, John, and Frances McCall Rosenbluth. 2017. *Forged Through Fire: War, Peace, and the Democratic Bargain*. Liveright Publishing Corporation
Geddes, Barbara. 2007. "What Causes Democratization?" in Carles Boix and Susan Stokes, eds.,

The Oxford Handbook of Comparative Politics, Oxford University Press, pp. 317-339

Jou, Willy and Masahisa Endo, 2016. *Generational Gap in Japanese Politics: A Longitudinal Study of Political Attitudes and Behaviour*. New York: Palgrave Macmillan.

Pak, Katherine Tegtmeyer. 2016. "Contesting Children's Citizenship Education: What Should Japanese Children Know?" In Gill Steel (ed.) *Power in Contemporary Japan*. Palgrave McMillan, 21-38.

Steel, Gill. 2016. "Political Socialization." In Gill Steel (ed.) *Power in Contemporary Japan*. Palgrave McMillan, 39-58.

■書評論文

比較地域政治の視点から見た沖縄政治

野添文彬著『沖縄返還後の日米安保:米軍基地をめぐる相克』吉川弘文館,
 2016年
櫻澤　誠著『沖縄の保守勢力と「島ぐるみ」の系譜:政治結合・基地認識・
 経済構想』有志舎, 2016年

力久昌幸

　日本の中で沖縄という地域が独自の地位を有することに異論は少ないだろう。歴史を振り返れば,かつて沖縄は琉球王国として独立国の経験を持ち,その後,軍事侵攻により薩摩藩の支配下に置かれたものの,清朝への朝貢を通じて形式的には日中間で両属関係を保ったという点で,日本の他の地域とは異なっている。また,明治維新後の「琉球処分」で琉球王国が滅び,沖縄県として日本国家に編入されたことで,沖縄の独自性が消えたわけではなかった。なぜなら,第二次世界大戦末期の沖縄戦で多数の民間人が犠牲になったという悲惨な経験に加えて,戦後30年近くアメリカ統治下に置かれたという点で,沖縄の独自性は際立っているからである。さらに,在日米軍基地の大多数が集中する「基地の島」としての特徴も,沖縄の独自性を強く印象づけている。

　本稿が取り上げる2冊は沖縄政治の問題を分析対象としているが,なぜ返還後の沖縄に米軍基地の集中が進んだのか,なぜアメリカ統治下で沖縄保守勢力は保革対立を超えて「島ぐるみ」の枠組を追求したのかという問いを掲げ,いずれも沖縄の有する独自性の一側面を取り上げつつ,鋭い切り口により説得的な解答を提示している。

　両書の内容を紹介する前に,評者の限界について一言断りを述べておこう。今回の書評について評者には若干の戸惑いがあった。沖縄政治や日米関係の専門家ではない,いわば門外漢の評者が,沖縄問題を取り扱った最新の研究を果たして適切に評価できるのか,という疑問を禁じえなかったのである。

　結局のところ,評者は書評に取り組むことにした。その理由は,近年,評者が関心を持つイギリスのスコットランドと沖縄の間には,いくつもの類似点があるように思われたからであった。たとえば,沖縄と同様にスコットランドは独立国としての経験を有している。また,戦争や基地といった軍事面では沖縄と位相を異にするが,スコットランドはイギリスの一部となった後も他の地域とは異なる独自性を示している。ちなみに,沖縄とスコットランドの類似性に触発されたのか,「琉球新報」と「沖縄タイムス」は独立をめぐる2014年のスコットランド住民投票を詳しく報道している。

　前置きが長くなってしまった。まずは両書の内容について概観しよう。
　野添氏は,返還後の沖縄に米軍基地が集中した問題を,1970年代を中心にアメ

リカ・日本・沖縄の相互関係から解明することをめざす。なぜ1970年代に注目するかといえば、戦後から1970年代にかけて沖縄以外の在日米軍基地が縮小される一方、沖縄の米軍基地の縮小は進展せず、結果としてこの時期に米軍基地の沖縄への集中が進んだからである。こうした構造が現在まで継続しているため、この時期の検討は「『沖縄基地問題』の歴史的展開、ひいては日米安保体制の構造を考える上で無視できない重要性を有している」（4頁）とされる。

野添氏は、海外米軍基地に関する研究動向を踏まえて、沖縄米軍基地をめぐる政治過程を、「基地を設置した米国政府、基地を受け入れた日本政府、そして基地が置かれた沖縄の三つのアクターが絡み合っている」（6頁）ものとして捉える。そして、米日沖という三者の相互作用が沖縄米軍基地にどのような影響をもたらしたのか、という問題に対して野添氏は三つの視角から分析を加えている。

第一に、ベトナム戦争終結前後のアメリカの戦略見直しと、それに伴うグローバルな米軍の再編が、沖縄米軍基地にどのような影響をもたらしたのかという点に注目する。第二に、1970年代における日米安全保障体制の変容に伴って、日本政府が沖縄米軍基地に対してどのような姿勢をとったのかという点に注意が払われる。第三に、返還後の米軍基地に対する政治家の姿勢とともに、多様な社会アクターの動向について目配りがなされる。以上、三つの視角に基づく分析を通じて、野添氏は次のような議論を展開する。すなわち、沖縄返還前後の一時期、日米の政府がそれぞれ沖縄米軍基地の見直しを検討したことから、基地縮小の可能性が存在していた。その後、米日沖の相互関係の中で基地縮小の可能性は潰え、米軍基地が沖縄に集中する構造が確立した。

なぜ縮小の可能性があったにもかかわらず、沖縄米軍基地が返還後も維持されることになったのか。この点に関して野添氏が重視するのは、「日本政府が沖縄の米軍プレゼンスの維持を求めたこと」（217頁）である。アメリカの戦略見直しに伴ってアジアでの米軍プレゼンスが縮小されると、日本政府内では安全保障上の不安が高まった。そこで、アメリカのアジア関与を維持するために、「思いやり予算」など在日米軍への財政支援を通じて、沖縄を中心とする在日米軍のプレゼンス確保が追求されたのである。返還前後の一時期、基地縮小について検討したアメリカ政府も、日本政府の要請を受けて、「思いやり予算」などの財政支援を引き出す梃子として沖縄米軍基地を維持する方向性を固めていく。さらに、返還後も多数の米軍基地が維持されたことに反発した沖縄社会の中からも、経済不振のため基地の維持を望む勢力が現れるようになった。そして、日本政府とのつながりにより多額の補助金を獲得した保守勢力が優位に立つとともに、沖縄米軍基地の固定化が進むことになった、というのが野添氏の議論の概要である。

野添氏が返還直後の米日沖関係に注目したのに対して、櫻澤氏は返還前の1950年代、60年代の沖縄保守勢力を取り上げて、基地問題と経済構想に焦点を当てつつ、保革対立を超えた「島ぐるみ」の一致を分析する。櫻澤氏が沖縄保守勢力に注目する背景には、沖縄戦後史研究において革新勢力の研究は多数見られるのに対して、重要な役割を果たしてきた保守勢力の研究は十分ではないという問題意識

がある。また，返還前の時期を対象とする理由は，沖縄で保革対立構図が確立する1960年代末までのアメリカ統治下において，基地問題と経済構想を中心として「島ぐるみ」と呼ばれる保革を超えた協力枠組が形成されたことが注目されるからである。近年の普天間基地移設問題などを契機として，「オール沖縄」による超党派の取り組みが見られるようになっているが，櫻澤氏によれば，「基地認識や経済構想に関わって沖縄住民が『島ぐるみ』で一致しうる基盤」(2頁)を明らかにすることは，「オール沖縄」を理解するうえで重要な意味があるとされる。

アメリカ統治下における沖縄保守勢力について，櫻澤氏は政治統合・基地認識・経済構想という三つの側面から検討する。

まず政治統合について，日本本土の保守合同は1955年の自由民主党結成により実現し，その後38年間におよぶ一党優位体制の礎となった。一方，沖縄保守勢力の合同は1959年の沖縄自由民主党の結成で実現したものの，党内での対米従属批判の高まりにより，いったん分裂の憂き目を見る。その後，本土自民党の働きかけもあって保守再合同(沖縄民主党，後に沖縄自由民主党)がなされるが，櫻澤氏は沖縄の保守勢力が「再編される過程での『対米闘争』の側面の重要性」(87頁)を指摘している。

次に基地認識について，米軍基地をめぐる1950年代の「土地闘争」を契機として，それまでの親米保守の立場とは異なる，「『現実主義』的に米軍基地を受忍するが，拡張には反対し，経済的援助および適正補償，適正運用を要求していく立場」(99頁)として，新たな「保守」的立場が形成されたことが注目される。そして，1960年代に，米軍機墜落事件補償問題などを通じて，「米軍基地被害の問題性を重視し，基地自体への反対，撤去を志向していく立場」(99頁)として，「革新」的立場が登場する。こうした「保守」的立場と「革新」的立場は二項対立の関係として理解されるべきではなく，むしろ，前者から後者が発展的に登場したことから，両者は重層的な関係にあると櫻澤氏は指摘する。「保守」的立場に基づく「島ぐるみ」での超党派協力枠組が可能となった背景には，アメリカ統治下における沖縄の「保守」と「革新」の複雑な関係があった。

保革二項対立という単純な見方を廃する櫻澤氏の視点は，沖縄保守勢力の経済構想についても一貫している。保守と革新を対立的に捉える従来の視角では，沖縄保守勢力は「基地経済」依存論者と位置づけられた。しかし，櫻澤氏によれば，アメリカ統治下の沖縄では，「一貫して『基地経済』から『自立経済』への転換が課題として認識されており」，「その主体となったのは沖縄保守勢力」(278頁)であった。また，「自立経済」を求める立場は保革を問わず「島ぐるみ」で一致していた。

さて冒頭で述べたように，日本の中で沖縄の独自性は際立っている。その独自性の背景として，かつて独立国であったという歴史的経緯を見過ごすべきではないが，戦後の沖縄を特徴づけるのは在日米軍基地が集中する「基地の島」という点にあるといっても過言ではない。一方，スコットランドにはかつて米海軍基地が置かれた時期もあったが，冷戦終結に伴う米軍縮小の一環として基地は閉鎖された。なお，現在イギリスには小規模な米空軍基地が存在するが，それはスコットランドで

はなくイングランドに配置されている。

　このように米軍基地に関して沖縄とスコットランドは異なっている。それでは，軍事基地について両者に類似点がないかと言えば，スコットランドにも「基地問題」は存在する。イギリスで唯一の核ミサイル原潜基地がスコットランドに配置されているのである。スコットランドの原潜基地は反核運動の焦点となってきた。また，スコットランド独立を求める理由の一つとして核兵器撤廃が掲げられ，原潜基地の問題は独立運動と密接に結びつくことになった。独立をめぐる2014年の住民投票では，独立のメリットの一つとしてスコットランドの非核化が強調された。

　スコットランド人の多数が原潜基地撤去を求めているわけではない。沖縄の人々が，在日米軍基地が沖縄に集中する「構造的差別」に憤りを感じながらも，米軍基地の全面撤去という「『革新』的立場」（櫻澤，280頁）を必ずしも受け入れなかったように，スコットランドの世論は原潜基地撤去をめぐって二分されている。そして，基地撤去の経済的打撃に対する不安から，どちらかといえば維持を求める声が強いようである。

　アイデンティティでも沖縄とスコットランドには共通性が見られる。沖縄では沖縄人のことを「ウチナーンチュ」，沖縄以外の日本人のことを「ヤマトゥンチュ」と呼ぶように，本土の人々とは異なるアイデンティティが意識されている。また，沖縄人と日本人のどちらのアイデンティティが強いかという問いには，沖縄人としてのアイデンティティを選ぶ割合が多いようである。同様に，スコットランドでは7割前後がスコットランド人（Scottish）のアイデンティティが強く，イギリス人（British）アイデンティティが強い者は2割前後に過ぎない。

　沖縄人アイデンティティやスコットランド人アイデンティティが強く意識されるようになった背景には，それぞれの中央政府の対応があったように思われる。すなわち，返還前後を通じて日本政府が「米国政府による対日防衛コミットメントを確実」にするために「沖縄米軍基地の安定的維持を目指した」（野添，221頁）ことが，基地問題を政治対立の焦点に押し上げ，その影響もあって日本人ではなく沖縄人としてのアイデンティティを選ぶ傾向が強まったと考えられるのである。一方，スコットランドではイギリス編入後もスコットランド人アイデンティティが一定程度継続していたと思われるが，それが特に強くなったのは1980年代の保守党政権下で断行された新自由主義改革が契機になったと言われる。いわば，沖縄人とスコットランド人の中で，日本政府やイギリス政府を自分たちの代表として受け入れられないという意識が，それぞれのアイデンティティの強化につながったとすることができるだろう。

　政党政治についても沖縄とスコットランドの間には類似点が見られる。アメリカ統治下の沖縄では日本の政党とは異なるさまざまな地域政党が誕生した。そうした地域政党の多くは返還に伴って全国政党の地域支部に再編されていくが，沖縄社会大衆党は地域政党としての地位を維持し，国政および地方政治において一定の勢力を維持している。スコットランドにも1930年代に結成されたスコットランド国民党（SNP）という地域政党が存在する。結党時から沖縄政治でかなりの勢力

であった沖縄社会大衆党とは違い，SNPは長い間，泡沫政党の地位にあった。しかし，1960年代末からのスコットランド・ナショナリズムの台頭に伴い勢力を拡大し，現在ではスコットランドの政権政党になっている。

このように有力な地域政党を有するという点で沖縄とスコットランドは似通っているが，両者の地域政党は基本方針に大きな違いがある。日本復帰促進期成会の結成に中心的役割を果たすなど結党時から本土復帰を目指していた沖縄社会大衆党（櫻澤，28頁）は，復帰後は自治権拡大を求めつつも，沖縄が日本国家の枠内に留まることを支持している。一方，SNPは戦後の早い段階でイギリスからの独立を目指す立場を明確にした。地域政党の中には自治権拡大で満足する政党もあれば，分離独立まで求める政党もあるが，沖縄社会大衆党は前者，SNPは後者というように区別することができる。

自治と独立をめぐる違いは地域政党に留まらない。スコットランドでは住民投票で独立が否決されたとはいえ，その後も独立を求める人々が4割を超える状況が続いている。それに対して，沖縄ではアメリカ統治下の戦後初期に独立構想が注目を集めた時期もあったが，本土復帰の流れの中で力を失い，近年の世論調査では独立支持が1割にも満たない状況である。

なぜスコットランドでは独立を求める声が根強いのに対して，沖縄では独立論に広がりが見られないのか。野添氏や櫻澤氏が明らかにしているように，沖縄では在日米軍基地の集中について強い不満が存在しているが，それが基地のない沖縄を実現するための独立という動きにつながってはいない。かつての「島ぐるみ」や現在の「オール沖縄」に関する櫻澤氏の議論に沿って推測すると，沖縄の人々の総意は基地撤去のような「革新」的立場ではなく，米軍基地の維持・強化に反対する「保守」的立場にあることから，独立という極端な変化は支持されないのかもしれない。あるいは，沖縄米軍基地の維持を求める日本政府の対応に注目する野添氏の視角からすると，米軍基地経費に関する「思いやり予算」や沖縄振興策などの経済的利益の認識が，深刻な経済的打撃をもたらす可能性のある独立に対して二の足を踏ませているとすることもできるだろう。

ちなみに，スコットランドで独立論が台頭するきっかけとなったのは1960年代末の北海油田の開発だったこと，そして，1990年代末からの良好な経済パフォーマンスが2014年の住民投票の背景になったことを考えると，独立後の経済的基盤に関する住民の認識が独立を支持する態度と結びついていると言えるかもしれない。

以上，沖縄とスコットランドに関して評者が注目する類似点と相違点を概観してきた。今後，在日米軍基地の集中という「構造的差別」が固定化されている沖縄において，「オール沖縄」の枠組に基づく日本政府との対立構造が独立論を喚起するのかどうかは定かではない。しかし，返還前後からその後にかけて沖縄基地問題について日米沖関係という複合的視角で分析を行った野添氏の研究や，1950年代から60年代にかけての沖縄保守勢力の実態分析を通じて，保革の対立軸では捉えられない沖縄の人々の基地認識や経済構想を明らかにした櫻澤氏の研究は，戦後沖縄政治に関する手堅い実証分析に基づく優れた研究というだけではなく，中央政府

との間で対立を抱えるさまざまな地域の政治を見るうえで重要な示唆を与えるものである。本稿で取り上げた2冊は，いずれも沖縄政治だけでなく地域政治の研究にも貴重な知見を与える良書である。

■書評

歴史と比較の間
田中拓道著『福祉政治史』

砂原庸介

　きわめて野心的な著作である。本書の挑戦を一語で言うとすれば「越境」と言うべきか。もともと政治理論や政治思想(史)の分野で研究を積み重ねてきた著者が、近年の実証的な福祉国家研究の蓄積を渉猟し、しかもその対象は1国ではなく蓄積の厚い6か国に及んでいる。福祉国家についての個別の現象にかかわる因果関係を明らかにする実証研究を再構成し、主に人々の「自由」がどのように達成されてきたかという観点から、福祉国家の形成・変容をそれぞれの国の歴史的文脈のなかで明らかにしようとするのである。

　このような大胆な目標を設定し、本書はまず福祉国家の形成と分岐について検討する。著者は福祉国家の前提として国際的なブレトン・ウッズ体制と国内のフォーディズムを挙げたうえで、各国における労使関係のあり方や政治制度によって異なる選択が生み出されていくことを論じていく。選択として重要なのは、労使が産業を超えて組織的に妥協するかどうかであり、政治にそれを支える理念が存在するかどうかである。妥協を通じてフォーディズムを作りだすことができれば、経済成長を最優先する「生産性の政治」が実現し、人々の自律を可能にする高賃金や普遍的な福祉政策が期待されるようになる。

　「生産性の政治」の成功例として描写されるのが普遍主義レジームを採るスウェーデンである。長期政権を築いた社民党が、集権的な頂上団体を中心とした労使の協調的な関係を基礎に「生産性の政治」を追求し、経済成長の果実を配分して人々の自由な選択を可能にするという路線で中産階級の支持の取り込みを図るのである。他方、自由主義レジームを形成したアメリカ・イギリスは、労働組合が分権的で労使協調も制度化されておらず、政治がそのような協調を下支えすることもないので公的な福祉は極めて選別主義的な性格を強くする。そして、保守主義レジームを形成したドイツ・フランスは、基本的に職業集団での結合を前提として、それを国家が調整するかたちで後押しをして、福祉政策が展開されていくとされる。

　日本については、一方で保守主義レジームに近いかたちで職業集団を中心とした結合がありつつ、他方で自由主義レジームのように民間大企業の使用者が優位であったとされる。この点について本書の理解は、これまでにも指摘されてきた「労働なきコーポラティズム」の理解に近いと言えるだろう。そのような労使関係を前提に、幅広い国民の支持を得ようとする自民党は、スウェーデンのような普遍主義的な福祉政策をとらないまでも、公共事業による成長の果実の配分なども含めた日本型の福祉国家化を成し遂げたとされる。

　次に本書で論じられるのは、福祉国家の再編である。著者の見立てによれば、

再編の議論の前提となるのは次の二点である。すなわち，これまで福祉国家の前提を作ってきたブレトン・ウッズ体制が崩壊し，固定相場制が放棄されて資本移動が活発になるのに伴って，国際的な「底辺への競争」が福祉を縮減しようとする圧力が増すことが一点目である。次に，人々の選好の多様化とともにフォーディズムが変容を余儀なくされていくことで，多様な個人の状況が生み出す「新しい社会的リスク」に対応するように福祉の拡大が求められる圧力が生じることである。これらの圧力が「改革」として実現される際には，各国での福祉政策の受益層の組織化の程度と政治制度の集権性が，その選択の違いを生み出すとされる。縮減については，受益層が組織化されておらず，かつ集権的な決定が可能になる国で進みやすいことは想像しやすいだろう。他方，拡大についてはわかりにくいが，やはり集権的な決定とともに，政党の支持基盤の再編成を伴う市民社会の福祉拡大への要請が必要だとされる。
　このように整理された福祉国家再編の条件を踏まえて，各国の分析が行われる。自由主義レジームに分類される英米では，ともに当初の改革では福祉削減が限定的であったものの，その後の中道的なクリントンとブレアの福祉改革を通じて，貧困層に就労を強制する「ワークフェア」的な改革が行われたとされる。提示された枠組みを前提にすれば，政治制度が集権的なイギリスはともかく，分権的なアメリカではなぜそのような改革が実現したのかに疑問はあるが，本書では，分権的制度がもたらす政治の不作為を通じて，金融業などの経済権力の拡大が放置されて，その意図する改革がより純粋なかたちで実現したという（155頁）。
　自由主義レジームのもとでの「ワークフェア」に対するかたちで実現したのが，人々の「自由選択」を強調するスウェーデンでの社民党による改革であるという。スウェーデンでは1990年代に入って自由主義的な穏健党による改革が提案されたものの，福祉の受益層が広いために，改革の実現は困難であった。それに対して一度下野した社民党は，女性やマイノリティを包摂するかたちで支持層を再編し，就労を強制するよりも積極的労働市場政策を拡大させることによって「自由選択」を可能とする改革を進めたというストーリーが描かれる。
　興味深いのは保守主義レジームの独仏である。ともに福祉の受益層が大きく，かつ政治制度が分権的であったために，当初の福祉の縮減は進まなかったとされるが，その後に分岐が見られるという。つまり，ドイツではシュレーダー首相のもとで政治制度の集権化が進むとともに「ワークフェア」が実現していったと評価される一方で，フランスでは労組や社会運動が軸となって社会党などの支持層の再編が起こり，「自由選択」に近い政策が実現していったという。最後に保守主義レジームに近いと評される日本では，ドイツのように政治制度の集権化が図られたものの，それが期待通りに機能しないため「ワークフェア」は実現せず，またフランスのような支持層の再編も起こらず「自由選択」が実現するわけではないとされる。体系的な改革が起きないままに自由主義レジームに近い部分がクローズアップされて格差の拡大が生じているのが現状という評価だろう。
　このような分析を踏まえて，著者は，福祉国家改革の方向が「ワークフェア」

と「自由選択」の二つに収れんしつつあると主張する。そして，産業構造や政治制度の違いが分岐をもたらすとする先行研究を紹介しつつ，本書では分岐を生み出すのが「政治的機会構造」のあり方ではないかという論点が示される。つまり，その構造が閉鎖的でトップダウンの決定が可能であれば「ワークフェア」に向かい，構造が開放的でアウトサイダーの利益が考慮される余地があれば「自由選択」に向かうという見立てである。しかし日本については政治の不作為のために体系的な改革が行われず，それが格差や少子化の問題に結びついているとされる一方で，まだいずれの分岐にも乗る可能性があると論じられている。

福祉国家の形成と分岐，そして再編について，提示された枠組みを基に各国の歴史を論じる形式でのこのような整理が，著者の意図するものなのか正確なところはわからない。しかし，そのような「比較」を志向する実証的な分析としてみると，率直に言って，提示されている証拠が十分であるようには見えない。労使関係や産業構造，および政治制度といった重要な変数の操作化がなされているわけではなく，評者には提示されている変数がどのような効果を持ちえたのか判断できないからである。一例を挙げると，政治制度として選挙制度が重要であるとされているが，英米で採用される小選挙区制は集権的であったり分権的であったりと評価されるし，小選挙区比例代表併用制のドイツと主に二回投票制を採用するフランスが同じような政治制度に分類されるのは違和感を覚える。

同様の捉えられなさは，説明の対象となる福祉国家の分岐の方にも当てはまる。拡大時点での分岐については，エスピン・アンデルセンに代表されるレジームの議論として理解できるとしても，再編時点での「ワークフェア」「自由選択」（あるいは「アクティベーション」）という分岐について，評者がそのメルクマールを正確に理解できたとは思えない。ともに労働市場が柔軟化している中で，政府からの給付が手厚いか手薄かというかたちで分岐するのだとすれば，それは質的に異なるものに分岐しているというよりも，（分岐しておらず）単に量的な違いを意味する可能性はないだろうか。

さらに言えば，重要な「分岐」は，福祉改革が起きた後に生じる分岐だけだろうか。体系的な改革が起きたところと起きていないところ——本書では日本——にも重要な違いが存在するはずである。たとえば政治制度が分権的で自由主義レジームに属するアメリカは，本書の観点から言えば日本に近い性質を持つところもあると思われる。しかし，そこでは政治の不作為が続くにもかかわらず，経済権力主導で政治的機会構造の閉鎖化が強まり「ワークフェア」に向かったとされる。なぜ同じように政治の不作為が続き，しかもある程度経済権力が強いとされた日本ではそのような現象が見られないのだろうか。日米の違いは，ひょっとすると，日本ではまだフォーディズムが健在だという可能性を示すのではないか。

分岐の要因を探るのが重要だが，それは著者が序章で退けたはずの実証分析に基づいた因果関係の理解とはどのように異なるのだろうかという疑問は残る。言い換えると，本書を「比較」として読むと，本書評で示したように各国での個々の変数と帰結の関係について疑問を呈されることも否めないと思われるのである。他

方，著者の意図は，先行研究に基づいて，福祉国家の分岐が政治的機会構造のあり方によって規定されるという包括的なストーリーを作ることにあり，本書の「越境」の試みが成功したかどうかは，「比較」を通じた実証的な分析としての妥当性についての評価のみを待つだけではないはずだ。評者個人としてもストーリーに共感するところも少なくはない。

　焦点化されるべきは「歴史」であり，政治的機会構造や分岐についての概念を，個々の制度的な変数に還元されないかたちで提示し，その意味を歴史的に議論するのが本書の狙いと言えるだろう。しかし，それぞれに複雑な経緯を抱えた6か国を越えて，同じ「福祉政治」という平面に並べて理解することは容易ではなく，評者にとっても説得された部分と納得できない部分が混ざる読後感となる。それは，政治的機会構造の解放が自由選択につながるという，極めて規範的ともいえるストーリーが，現時点で評価すべきものというよりも，将来にわたって評価されるべきことだからかもしれない。もちろん，将来においても，それが妥当かについては，「比較」に基づいた実証的な観点からの批判は必要とされると思うが。

■書評

歴史研究と接近する現代アメリカ政治研究？

松本俊太著『アメリカ大統領は分極化した議会で何ができるか』
ミネルヴァ書房，2017年

白鳥潤一郎

　アメリカ大統領は分極化した議会で何ができるか——タイトルに置かれるこの魅力的な問いかけは本書の問題意識であり，それは政治事象における「必然」と「偶然」を見極め，「制度」による説明と「人」による説明との境目を確定させる作業を通じて明らかになるものである。膨大な先行研究を慎重に検討し，様々な手法を駆使して著者はこの作業に取り組んでいる。

　序章で示される本書の問いは，「なぜ大統領は，自ら積極的に立法を実現させる手段によって国をまとめることができなくなったのだろうか」というものである。その原因は，分極化の進行に伴い，「議会や有権者が大統領に求める様々な役割の中でも，『行政の長』の側面よりも『政党の顔』の側面が強く」なり，「自らが提案する立法を実現することと超党派的な多数派形成を両立させることが，次第に難しくなっている」ことにある（3頁）。本書はこの結論を，「ポリティカル・サイエンス・アプローチ」に重きを置いて，「地域研究・文化的アプローチ」と「比較政治アプローチ」にも目配りをしつつ，丁寧に実証している。

　ここまでの紹介で，専門外の読者にはハードルが高いと感じる向きもあるかもしれない。心配は無用である。様々な用語やアプローチは序章で詳細に説明されており，一読すれば疑問は氷解する。第1節では，まず本書が何を論じるかを説明される。「政党の顔」とは，有権者に責任を負う役割であり，「行政の長」とは非公式に立法に関与する役割である。20世紀半ば以降の「現代大統領制」の下で，「大統領は，『政党の顔』として，選挙を通じて有権者に国を改革する方針を提示し，当選後は『行政の長』として議会にこれを実行させることで国をまとめてきた」という（1-2頁）。このように，使われる用語や概念はいずれも丁寧に説明されており，順を追って読み進めていけば専門外の読者であっても議論を理解できることは本書の何より優れた点である。

　続く第2節で上記の問いをどのように論じるか触れた上で，第3節で本書の主張と構成が紹介される。3つに分けられる本書の主張は以下の通りである。第1は大統領の立場表明と議員の党派的行動に関するもので，「かつては大統領が『行政の長』として立法に関わることが超党派的な多数派形成を促す原動力であったのが，議会の分極化が進行して大統領が『政党の顔』とみなされるにつれて，逆に阻害要因になっている」という主張である（11頁）。この点が第1章での先行研究の概観，第2章での大統領の立法活動及び議会の反応についての理論的検討，そして

第3章での上下両院における点呼投票の計量分析を通じて説明される。

　第2は大統領の立法活動の内容とレトリックに関わる主張である。立法活動に関与する際，「大統領は活動手段やレトリックを選択することで，大統領野党を懐柔することができる。その結果，大統領の立場に対する賛否の党派ごとの内訳や，最終的な立法過程の顛末が異なってくると考えられる」(13頁)。この点が第2章での理論的な検討，第4章の第81議会(1949-1951年)から第109議会(2005-2007年)を対象とした計量分析，第5章のクリントン政権における医療制度改革・北米自由貿易協定承認・福祉改革の立法過程に関する事例研究，第6章のカーター政権のエネルギー改革・レーガン政権の1981年税制改革・オバマ政権の医療制度改革に関する事例研究から説明される。

　第3は分極化と大統領に関する中長期的な歴史の中での意義付けに関するものである。第7章では，「責任政党政府論」と「政党再編成論」という従来の有力な議論を批判的に検討した上で，本書の理論として「大統領に起因する分極化論」を提示する。この議論のポイントは3つある。1点目は，現代大統領制の下で大統領は常に「与党の大統領化」を通じて党勢の拡大を試みるようになっていること，2点目は，選挙での勝利と政策革新の成功がトレード・オフの関係になったこと，3点目は，選挙での勝利と政策革新の成功のトレード・オフをどれだけ解消できるかは「大統領のスキル次第」であること，である(245-248頁)。

　以上のように本書は実に周到に作り込まれている。周到であるがゆえに議論を簡潔に紹介することの難しさはあるものの，専門外の者にも読ませる工夫が随所に施されており，丁寧に読み進めれば道に迷うことはない。実質的に終章となる第8章では，本書の議論の持つ含意が広範に検討されており，読み方のガイドを提供してくれる。本書の刊行はトランプ政権発足直後の2017年1月だが，トランプ当選直後に今後の見通しをシナリオ別に検討した附記まで用意されている(265-267頁)。さらに，5つの附論では，理論と方法論に関する追加的な説明も加えられている。理論の選択について，著者は「実証的な政治分析において，つまるところ理論とは，複雑な現実の中から何を強調して何を捨てるか，という問題であり，すなわち視点の違いである。ではその視点は何によって定まるのか。それは，何を論じたいかである」と述べている(274頁)。別の書評で指摘されているように，本書は，「アメリカの政治科学における理論的，方法論的，実証的知見のカタログ」となっている[1]。本書を通読すれば，様々な理論やアプローチの長所と短所，可能性と限界がよく分かることだろう。

　こうした幅の広さを持つ本書から——おそらくは意識的に——除かれている手法がある。日本では政治学に含まれる歴史的なアプローチである。著者は慎重に政治について「歴史的な立場から論じる」ことにも触れているものの(265頁)，歴史研究との接続や関係性については論じられない。

　歴史的なアプローチと政治学の関係について，リチャード・ネッド・ルボウは次のように指摘している。「歴史学者と社会科学者の関係は，牧場経営者と農場経営者のそれに似ている。彼らは，同じ領域に足を踏み入れるが，その目的はまった

く異なっている。歴史学者は，歴史をそれ自体知る価値のあるものとして研究する。さらに彼らは，価値や思想，制度の起源を探り，それらのもたらす結果を調べることで，過去から現在を解き明かそうとする。他方，社会科学者にとって過去とは，人間行動の理論を作ったり検証したりするためのデータである」[2]。農場のように効率的に作り込まれた本書の行論は，曖昧さを徹底的に排しており，叙述を重視する歴史研究とは相当に距離を感じさせるスタイルである。たしかに著者が目指すものと，評者を含む歴史的アプローチを採る研究者が目指すものは異なるのだろう。だが，評者は本書に歴史的アプローチを採る研究との相違点よりも不思議と共通点をより多く感じた[3]。それはおそらく著者の意図したものではないだろうが，「偶然」ではなく「必然」のように思われる。

　第一の理由は，テーマ設定である。本書のテーマはアメリカ大統領と議会の関係であり，その中でも20世紀中葉以降の「現代大統領制」の下での関係の変化である。詳細な事例分析はカーター，レーガン，オバマ，の3つの政権に限られている。その意味で本書が説明しようとするのは「一回性」を持つ政治現象であり，一般化への志向は説明対象ではなく説明方法にある。本書のテーマ設定は政治現象の「一回性」を基本的に前提とする歴史的なアプローチと近いと言えよう。

　第二の理由は，「人」と「制度」の双方ともに重視していることである。著者は「『制度』に適合的な『人』の要素が大事である」としているが（4頁），この点も歴史研究と共通する。「人」の行動は「制度」の影響を受けるし，「制度」を作るのは「人」である。歴史的なアプローチは「人」を重視していると思われるかもしれないが，「制度」の影響を様々な形で受けた「人」の行動や考えが史料に残されているのであり，必然的に「制度」と「人」の相互作用は研究に反映される。

　第三の理由は，様々な方法論を駆使すると共に膨大な先行研究を消化していることである。史料や研究時間の制約もあり，政治史や外交史が論文として公表される際，対象とする時代や出来事は相当に限定されるのが常だが，最終的に通史という形で全体が描かれるし，限定的なテーマであっても通史の中でどのような位置付けにあるかは意識される——もしくは意識されるべき——ものである。本書は膨大な先行研究を消化し，さらに様々な方法論を駆使することで，説明対象とする政治現象を全体像に近い形で把握することに成功している。その結果として，本書の議論は「見方によっては常識的」と言えるかもしれないが，観察困難な大統領の議会への働きかけや曖昧な態度表明といった事象を可視化し，論証していることは本書の白眉でもある[4]。

　制度化の度合いも高くアクターの数も多く体系化が進んでいる国内政治を対象とする政治科学と政治史は相互に良い刺激を与え合っているように思う[5]。本書もそうした可能性を感じさせる1冊である[6]。

（1）　西川賢「書評：松本俊太『大統領は分極化した議会で何ができるのか』」『週刊読書人』2017年3月24日。
（2）　リチャード・ネッド・ルボウ「社会科学と歴史学——牧場経営者 vs. 農場経営

者」コリン・エルマン，ミリアム・フェンディス・エルマン編（渡辺昭夫監訳）『国際関係研究へのアプローチ——歴史学と政治学の対話』（東京大学出版会，2003年）97頁．
（3）　誤解のないように付言すれば，ここで想定する歴史的なアプローチを採る研究とは，政府文書や日記等の私文書を用いて政治や行政を描く政治史や外交史である．
（4）　久保浩樹「大統領＝議会関係の計量分析と事例分析——日本のアメリカ政治研究の一つの到達点」『図書新聞』2017年3月18日．
（5）　たとえば，川中豪「書評 明治国家研究の比較政治学的意義：前田亮介『全国政治の始動：帝国議会開設後の明治国家』」『レヴァイアサン』第60号（2017年4月），154-156頁．
（6）　紙幅の関係もあり詳述は避けるが，分析手法に限定しても，詳細に事例を検証するテーマ選定にあたって計量分析が有用であることは本書を読めば明らかであろう．逆に，事例分析に関して，徹底した史料批判や史料からの過大でも過小でもない叙述が求められる政治史の手法の活用も可能であろう．

レヴァイアサン書評委員会からのお知らせ

　編集委員会が，新たなオリジナルの研究を掲載していく役割を担っているのに対して，書評委員会は，先行する研究を足がかりとして，それをさらに発展させていく論考を掲載していく役割を担っています．先行する研究を踏まえた上でそれを批判すること，批判の上に今後の研究を展望すること，批判への応答を行うこと，そうした知的な営みの積み重ねこそが，学問を前進させていくのだと私たちは信じています．批判と論争に溢れた「にぎやかさ」こそが，学術研究の生命力なのであり，本誌をそうした場にしていきたいと，私たちは願っています．

　具体的には，近年刊行された日本政治あるいは現代政治に関する学術的な成果に対して，つぎの諸形態の論考を広く募集しています．

・書評　単行本一冊あるいは二冊程度を扱うもの．字数は4000字．
・書評論文　複数の単行本，あるいは叢書やシリーズ全体を扱うもの．字数は10000字．
・研究動向論文　複数の論文や書籍を扱うもの．字数は10000字．
・本誌論文・書評への批判，それに対する応答．字数は4000字．

　執筆要領，引用・参考文献の表記，転載についての規定は，本誌「投稿規定」に準拠します．投稿に際しては，書評であっても書評としてのタイトルをつけた上で，leviathan@mbf.nifty.com 宛に，ワードファイルあるいはPDFファイルを添付してお送りください．また，「投稿規定」の応募要領中にある①-⑧の執筆者情報もあわせてお送りください．

　書評委員会は，概ね二ヶ月に一度開催されておりますので，特に〆切は設けません．投稿いただいたものは，書評委員会で検討させていただいた上で，随時掲載していきます．発刊趣旨にもあるように，人格対立抜きの「仮説の提示と活発な批判，反批判」をできるだけ多く掲載していきたいと考えています．皆様からの積極的な応募を心よりお待ちしております．

　　　　　　　　　　　　書評委員：石田　淳，磯崎典世，曽我謙悟，
　　　　　　　　　　　　　　　　　日野愛郎，待鳥聡史，村井良太

『レヴァイアサン』投稿規定

レヴァイアサンは、適切な研究方法を用いて行われた独創的な研究を掲載したいと考えています。政治学の広い分野におけるすぐれた理論的、実証的研究論文の投稿を歓迎します。未刊あるいは他研究誌に投稿したり他の書籍に所収されたりしていないものに限ります。編集委員と外部のレフェリーが読ませていただきます。応募・執筆要領は下記の通りです。

1　応募要領

投稿論文は次の要領で木鐸社内『レヴァイアサン』編集部までお送りください。（1）本文は20,000字程度，Ａ4判（1頁に1000字～1200字，図表，注記すべてを含む）16～20枚程度にまとめ，本文冒頭に論文要旨（200字程度）を入れて下さい。本文には著者名を入れず、別に（2）Ａ4判1枚に著者情報（下記）を作成してください。（3）（1）（2）をそれぞれ印字したハードコピーを5部，郵送・宅配便などでお送りいただくとともに、それとは別にワードファイルかPDFファイルにて（1）（2）については以下のアドレス宛に，ファイル添付にてお送りください。leviathan@mbf.nifty.com ①氏名（ふりがな），②生年，③生地（都道府県），④最終学歴と修了年（大学は学部，大学院は科も明記），⑤博士号等（年・大学・科目），⑥現職，⑦著書・訳書・論文2点（著訳書は出版社，発行年，論文は掲載誌と巻・号数，発行年を明記），⑧住所と電話・ファックス番号・電子メイルアドレスを明記して下さい。

2　執筆要領

46号より横組になります。図表，本文ともに横書き，数字は算用数字をご使用下さい。図表は本文中に挿入箇所を指示し，本文とは別のファイルにまとめて下さい。こちらで図をトレースする場合は実費をご負担いただいております。論文が採用された場合は英文でタイトルと要約をお送り下さい(70語以内)。編集作業を迅速化するために採用された論文についてはソフトを明記の上ワープロフロッピーの送付をお願いしております。

3　引用・参考文献の表記

(1) 単行本（著者名，『書名』，出版社，発行年，頁）
(2) 雑誌論文（著者名，「論文名」，巻号，発行年月，頁）
(3) 欧文の場合は，原則的に上記のとおりですが，「論文名」は"論文名"，書名と雑誌名には『　』の代わりに下線を引くか，もしくはイタリック体の指示をしてください。

4　論文の転載について

『レヴァイアサン』に掲載された論文は，出版後1年間は転載をご遠慮下さい。その後転載される場合は木鐸社の了承を取って下さい。

執筆者紹介 (五十音順)

飯田敬輔(いいだ けいすけ)

1960年　神奈川県生まれ／1990年　ハーヴァード大学大学院政治学研究科修了／1990年　Ph.D.(Political Science, ハーヴァード大学)／現在　東京大学大学院法学政治学研究科教授／著書　『国際政治の数理・計量分析入門』(松原望と共著)東京大学出版会, 2012年,『経済覇権のゆくえ』中公新書, 2013年.

鹿毛利枝子(かげ りえこ)

東京都生まれ／京都大学法学部卒／2005年　ハーバード大学Ph.D.／現在　東京大学大学院総合文化研究科准教授／著書　Civic Engagement in Postwar Japan: The Revival of Defeated Society, Cambridge University Press, 2011; Who Judges? Designing Jury Systems in Japan, East Asia, and Europe, Cambridge University Press.

白鳥 潤一郎(しらとり じゅんいちろう)

1983年　静岡県生まれ／慶應義塾大学大学院法学研究科後期博士課程修了／2013年　慶應義塾大学博士(法学)／現在　放送大学教養学部准教授／著書　『「経済大国」日本の外交－エネルギー資源外交の形成1967～1974年』千倉書房, 2015年,「『価値』をめぐる模索－冷戦後日本外交の新局面」『国際安全保障』第45巻第4号(2018年3月).

砂原庸介(すなはら ようすけ)

1978年　大阪府生まれ／2001年　東京大学教養学部卒業／2006年　東京大学大学院総合文化研究科博士後期課程単位取得退学／2009年　東京大学博士(学術)／現在　神戸大学大学院法学研究科教授／著書　『地方政府の民主主義』有斐閣, 2011年,『大阪』中公新書, 2012年,『民主主義の条件』東洋経済新報社, 2015年.

田中世紀(たなか せいき)

島根県生まれ／2013年　東京大学大学院総合文化研究科博士課程修了／現在　アムステルダム大学助教授／論文　"Constraining the Samurai: Rebellion and Taxation in Early Modern Japan." (with Abbey Steele and Christopher Paik, in press); International Studies Quarterly. 61(2): 352-370; "The Microfoundations of Territorial Disputes: Evidence from a Survey Experiment in Japan." Conflict Management and Peace Science. 33 (5): 516-538 (2016).

中井 遼(なかい りょう)

1983年　北海道出身／早稲田大学大学院政治学研究科博士後期課程修了／2012年　博士(政治学)／現在　北九州市立大学法学部政策科学科　准教授／著書　『デモクラシーと民族問題』勁草書房, 2015年, Party Primaries in Comparative Perspective, (共著) Ashgate, 2015.

執筆者紹介

中山 俊宏(なかやま　としひろ)
1967年　東京生まれ／2001年　青山学院大学大学院国際政治経済学研究科博士課程修了　博士(国際政治学)／現在　慶應義塾大学総合政策学部教授／著書　『介入するアメリカ』勁草書房，2013年，『アメリカン・イデオロギー』勁草書房，2013年。

樋口直人(ひぐち　なおと)
1969年　神奈川県生まれ／一橋大学社会学部卒，一橋大学大学院社会学研究科博士課程中退／2015年　一橋大学(社会学)／現在　徳島大学総合科学部准教授／著書　『日本型排外主義―在特会・外国人参政権・東アジア地政学』名古屋大学出版会，2014年。*Japan's Ultra-right*, Trans Pacific Press, 2016.

フランシス・ローゼンブルース
バージニア大学卒／1988年　コロンビア大学Ph.D.／現在　イェール大学政治学部教授／著書　*Forged Through Fire: War, Peace, and the Democratic Bargain*. (with John Ferejohn). New York: Norton, 2017; *Political Competition: The Good, the Bad, and the Ugly*. (with Ian Shapiro). New Haven: Yale University Press, 2018.

山田真裕(やまだ　まさひろ)
1965年　北海道生まれ／1993年　筑波大学大学院博士課程社会科学研究科学位取得修了　博士(法学)／現在　関西学院大学法学部教授／著書　『投票行動研究のフロンティア』(共編著)，おうふう，2009年，『政治参加と民主政治』東京大学出版会，2016年，『二大政党制の崩壊と政権担当能力評価』木鐸社，2017年。

力久昌幸(りきひさ　まさゆき)
1963年　福岡県生まれ／1994年　京都大学大学院法学研究科博士後期課程研究指導認定退学／1998年　博士(法学)，京都大学／現在　同志社大学法学部教授／著書　『ユーロとイギリス：欧州通貨統合をめぐる二大政党の政治制度戦略』木鐸社，2003年，『スコットランドの独立：多層ガヴァナンスと政党制』木鐸社，2017年。

若松邦弘(わかまつ　くにひろ)
1966年　北海道生まれ／1998年　ウォーリック大学大学院修了／1998年　ウォーリック大学Ph.D.(政治学)／現在　東京外国語大学大学院総合国際学研究院教授／論文　「EU離脱への対応とイギリス政治のジレンマ」『国際問題』第670号，2017年，「支持の地域的拡大と多様化－地方議会における連合王国独立党(UKIP)の伸長」『国際関係論叢』第4巻第2号，2015年。

LEVIATHAN

The Japanese Journal of Political Science

Vol. 62 Special Issue: Empirical Perspectives on Deliberation

Contents

Trump Phenomenon and Roots of American Nativism
Toshihiro Nakayama (9)
Nativism has been a difficult but an integral part of American society. In times of great societal change or in times of foreign crisis, nativism has shaken American society at its core. Nativism in the Trump era, though rooted in the past, has some new and disturbing elements which is unprecedented. The article will consider the roots of this new nativism and its political implications.

Does Xenophobia Matter? – Immigration and Euroscepticism in the UK
Kunihiro Wakamatsu (27)
'Immigration' was an important factor for the British voters who supported UK's withdrawal from the EU in the 2016 referendum. The straightforward observation that xenophobic attitudes in the British public produced Eurosceptic votes, however, does not provide us with a convincing picture of the results. This paper shows that the links between immigration and Eurosceptic votes are a geographically-specific phenomenon, not a common feature of the UK.

Two Types of Anti-immigrant Sentiments in Europe:
Empirical Analysis of Racism and Xenophobia
Ryo Nakai (48)
This research, using the European Social Survey (ESS) data, investigates the effects of the social, economic, and political background on European inhabitants' attitude toward immigrants and immigrations. We especially consider the migrants' racial or ethnic backgrounds, because some dislike immigrants regardless their racial background (xenophobia) while some dislike immigrants from different racial backgrounds only (racism). Our regression analysis mainly found two things. 1) Respondents' political and cultural beliefs have statistically significant effects onto one's probability of being

xenophobe and racist both, while respondents' economic background have statistically significant effect onto one's probability of being xenophobe only. 2) These statistical connections between anti-immigrant sentiments and economic distress or political dissatisfaction can be found only in Western European countries, while it cannot be found in Central Eastern European countries that rather have sent internal migrants in Europe.

What Explains Attitudes Towards Immigrants? Evidence from a Conjoint Survey Experiment in Japan

Rieko Kage (71)
Seiki Tanaka
Frances McCall Rosenbluth

An emerging academic consensus contends that economic self-interest alone cannot explain individual attitudes towards immigrants in rich democracies. A recent welter of studies points to some combination of "sociotropic" concern for the nation's overall economy, generalized worries about fiscal drain, and/or fear of a dilution of cultural "purity" interacting with specific concerns about competition for wages or jobs. This paper integrates the self-interest approach into the sociotropic approach in a systematic way to offer a more nuanced view about individual attitudes toward immigrants. By combining a survey experiment with observational data on labor scarcity in Japan, we find that natives generally prefer skilled immigrants as the sociotropic approach predicts, but we also find that the preference depends on labor market conditions. In labor-scarce industries where there is less competition, low-skilled natives are open to low-skilled immigrants. However, low-skilled natives in labor-abundant industries are more likely to oppose immigrants with similar skill-sets.

When Hate Becomes Illegal: Analyzing Policy Processes to Enact the Anti-Hate Speech Law in Japan

Naoto Higuchi (96)

On May 24, 2016, the Lower House passed the Anti-Hate Speech Law, the first anti-racism law in Japan. In this paper I clarify why it was enacted in a relatively short period by analyzing the policy process. Major findings are as follows: (1) anti-racist movements succeeded issue attention, (2) the Democratic Party converged streams of problems and politics, (3) Komei Party united streams of politics and policies, and (4) as a corollary, different actors relayed the button of hate speech from civil society to the core of the Diet.

編集後記

　「排外主義」の企画はやや唐突であるし，飯田はこんなことに関心があったのか，といぶかる向きもあるかもしれない。以前から人権問題には多大な関心を抱いているのであるが，専門の方に気を取られて，そちらの方面の研究はとかくおろそかになりがちであった。トランプ政権が発足して以来，移民が肩身のせまい思いをしているという報道を目にするたび，「外国人」として長期間アメリカで過ごした者としては，身につまされる思いである。学術的関心もさることながら，このような個人的思いの詰まった特集であることにもご留意いただきたい。この分野は日本では主に社会学で研究されてきた分野であるが，日本の排外主義研究の第一人者である樋口氏にご寄稿をいただき，この上ない喜びである。ここに記して感謝したい。

（飯田敬輔）

＊

　昨年に続き，選挙管理研究の続編である『選挙ガバナンスの実態　日本篇』（ミネルヴァ書房）を上梓する。2013年に行った全国市区町村選管調査をもとに日本の選挙ガバナンスを問うた。調査で気になったのは，投票所の繰り上げ閉鎖を実施している自治体が半数近くに及ぶという事実と，そうする自治体の傾向である。財政事情，首長の性格，国や都道府県との関係が影響しているようである。選挙管理を規制行政の一つとしてみた場合，地方政治のあり方が反映するのは選挙の公正性を担保するうえで好ましくない。世界篇では，国際的に推奨される，選管の政府からの独立性ばかりが重要なのではないと主張したが，日本編では，選管の独立性の不足こそが重要だと主張することになり，アンビバレントな感覚が解消できていない。

（大西裕）

＊

　「クラフツマンシップ」という言葉がある。査読レポートなどで時々目にする言葉であり，直訳すると「職人芸」であるが，意味合いは日本語とはずいぶん違うようである。日本語で「職人芸」といえば，かなりのほめ言葉であり（おそらく），自分の論文に対する査読レポートなどでその言葉を見ると一人で喜びたくもなるのだが，最近アメリカの知り合いの研究者と話していたところ，英語ではそれほどのほめ言葉ではないらしい。いわば「必要最低限」の仕事をこなしたにすぎないときに用いるという。いわゆる"liberal market economy"の国では「職人芸」に対する評価が低いのだろうか。（鹿毛利枝子）

＊

　オランダ議会は二院制であり，委員会もあるが，第二院（下院）の本会議で主に論戦が繰り広げられる。定数150ということもあるが，質疑は委員会のような応答式に拠る。議席は扇型に配置され，要部分のカウンターに議員は歩み寄って発言し，議員から右前方の政府答弁者との応酬が左前方に陣取る議長に仕切られるというスタイルになる。こうした双方向の論戦は完成版に近い会議録を90分で公開するという先駆的な方法で記録されているそうである。会議録作成システムへのログイン情報を活用することで，映像と文字のリンクが容易であり，審議映像のキーワード検索・部分再生も近々可能になるらしい。（増山幹高）